NAVŽDY SE MNOU

/ O MÉM UČITELI RABAŠOVI /

NAVŽDY SE MNOU

/ O MÉM UČITELI RABAŠOVI /

Michael Laitman

Navždy se mnou (O mém Učiteli Rabašovi), Michael Laitman.
1. vyd. – Praha: Laitman Kabbalah Publishers, 2020. – 151 s.
ISBN 978-1-77228-033-3

Author © Michael Laitman, 2019
Literární zpracování: Semion Vinokur
Translation: Jindra Ratajová, 2020 (z ruského originálu)
Proofreading: Jelena Hatlapatková
Corrections: Hana Moosová
Consultant: Yehudith Wiseman Savalle
Cover Design Adaptation: Richard Monje

V knize jsou použity fotografie z archivu Mezinárodní akademie kabaly.

Rabaš, nejstarší syn a žák Ba'ala HaSulama, pokračoval v díle svého velkého otce, byl posledním v řetězci velkých kabalistů od Adama až do současnosti. Rabaš ve svých pracích podrobně popsal stádia duchovní cesty člověka.

Michael Laitman (Ph. D. ve filozofii, MSc. v biokybernetice) je světově proslulý vědecký pracovník v oblasti klasické kabaly, žák Rabaše, zakladatel a vedoucí Mezinárodní akademie kabaly (MAK) – nezávislé neziskové organizace zabývající se vědeckými a vzdělávacími aktivitami v oblasti vědy kabaly. M. Laitman je autorem více než 70 knih, které jsou přeloženy do 40 jazyků. Jedná se o podrobné komentáře ke všem originálním kabalistickým zdrojům.

Obsah

/ STĚŽEJNÍ OTÁZKA ŽIVOTA / 9
/ PŘIVEDOU TĚ KE ZDI... / 14
/ ANDĚL NA SEMAFORU / 15
/ VYPOČÍTAT VYŠŠÍ SCÉNÁŘ / 15
/ NECHCI JET / 17
/ DOSTAL JSEM ŠANCI / 17
/ ŠOK / 19
/ NAŠEL JSEM A NEPUSTÍM / 21
/ HILLEL ROZNĚCUJE / 21
/ RABAŠ CHCE S TEBOU HOVOŘIT / 22
/ SKONČIL SE MNOU?! / 23
/ VYVOLANÁ POCHYBNOST / 24
/ „CHYTŘÍ KABALISTÉ" / 24
/ TAK JSEM ZAČAL ŽÍT / 25
/ V OČEKÁVÁNÍ ZÁZRAKU / 26
/ RABAŠ JE ZDĚŠEN / 26
/ PŘESVĚDČIL JSEM HO! / 27
/ K SRDCI / 28
/ NÁHODY NEEXISTUJÍ / 28
/ MEZI HILLELEM A RABAŠEM / 29
/ SYSTÉM RABAŠE / 30
/ STAVY / 31
/ RABAŠ MNE VEDE / 32
/ DRŽET SE ZUBY NEHTY / 33
/ MOJE OBAVY / 34
/ VŠECHNO TEPRVE ZAČÍNÁ / 34
/ TO, CO NAPSAL OTEC... / 36
/ „ZEZADU I ZEPŘEDU MNE OBJÍMÁŠ" / 37
/ PEVNÝ HARMONOGRAM / 38
/ PÁDY / 40
/ ŠAMATI – „SLYŠEL JSEM" / 41
/ „NEMAJÍ LEVOU LINII" / 44

/ ONI NEUSLYŠÍ! / 46
/ MODLITBA / 47
/ ZÁZRAČNÁ KNIHA / 47
/ TOTO VŠE JE O MNĚ / 48
/ CO SE O SOBĚ DOZVÍM / 51
/ JSME SKUPINA / 52
/ *PESACH* PODLE RABAŠE / 54
/ ZRNKO KÁVY / 56
/ JAK TĚŽKO MI BYLO! / 58
/ „NICOTNOST" KABALISTY / 60
/ BERE MI SÍLU / 61
/ PROČ JSI NEPROSIL?! / 62
/ RABAŠ A KOCK / 62
/ TICHO / 63
/ PŘED PRŮLOMEM / 64
/ JSME SI JEŠTĚ BLIŽŠÍ / 66
/ MOJE NABÍDKA BERGOVI / 68
/ RABAŠ ZAHOŘEL / 69
/ JAK SE TO STALO… / 70
/ REVOLUCE / 72
/ REVOLUCIONÁŘ / 72
/ ŽILI JSME V TAKOVÉ DOBĚ… / 73
/ ŽÁDNÉ KOMPROMISY / 74
/ DESÍTKY / 77
/ ŽILO TO V NĚM / 77
/ PŘIPRAVOVALA SE EXPLOZE / 79
/ ZAČALO TO!… / 82
/ PROŠEL VŠÍM! VĚDĚL VŠECHNO! / 82
/ KUPUJEME PSACÍ STROJ / 84
/ ZNÁT SVOU DUŠI / 85
/ PÉČE O DRUHÉ / 86
/ NEČEKANĚ – *ZOHAR* / 87
/ ÚSTRANÍ RABAŠE / 90
/ NEBYL TAM / 91
/ VÝCHOD / 93
/ HOSTINA / 93

/ SPOLEČNĚ! / 95
/ STRACH / 96
/ HOTEL PRO DVA / 97
/ VYŘČENÉ ZŮSTÁVÁ / 98
/ VĚČNOST V TVERJI / 98
/ NECHŤ STRÁDÁ / 100
/ PÁN NAD TĚLEM / 100
/ ÚTOKY NA SVĚT / 102
/ MOHLI JSME PRORAZIT... / 103
/ MOJE ODHALENÍ / 105
/ MŮJ POROD / 106
/ MOJE PÁDY / 107
/ ANULOVÁNÍ SE PŘED UČITELEM / 110
/ KDYŽ PŘICHÁZÍ „NOC" / 111
/ CHYBA / 112
/ SÍLA RABAŠE / 114
/ RABAŠ A STRACH / 117
/ NEPŘEDVÍDATELNÉ / 119
/ *RABANIT* JOCHEVED / 120
/ V NEMOCNICI / 120
/ LÁSKA / 121
/ ODLOUČENÍ / 121
/ RABAŠ MNE OPĚT OHROMUJE / 123
/ RABAŠ SLÁBNE / 124
/ POSLEDNÍ DNY / 127
/ *BE-TOCH AMI ANOCHI JOŠEVET* –
„JÁ PŘEBÝVÁM VE SVÉM NÁRODĚ" / 129
/ TAK ODEŠEL / 130
/ ODEŠEL, A ZŮSTAL / 131
/ A NAJEDNOU NENÍ!... / 134

Další knihy v češtině 137
Připravujeme 143
O organizaci *Bnei Baruch* 147
Kontakt 151

/ STĚŽEJNÍ OTÁZKA ŽIVOTA /

Přišel jsem k Rabašovi[1] již unaven hledáním, hladovějící po pravdě, kterou jsem marně hledal po celý život.

„Proč žiji?" – tato otázka mě mučila, doslova vyčerpávala. Vzpomínám si, že jsem jako dítě ležel jsem ve vysoké trávě městského parku, díval jsem se na hvězdy a s touhou a nadějí přemýšlel: „Možná ke mně odtamtud přijde odpověď? V čem spočívá smysl mého života, no, v čem?!" Ještě jsem nezačal žít a již mne rozežírala melancholie. Touha po neznámém, vysokém, opravdovém cíli.

Roky plynuly, snažil jsem se najít odpověď ve vědě, vyčíst ji z knih, pochopit ji logicky. Ale nic nefungovalo. Jenom se to zhoršovalo. Prázdnota a beznaděj všech mých úsilí se odhalovala stále více. V určitém okamžiku jsem si dokonce myslel, že zemřu, aniž bych čehokoliv dosáhl.

Přestěhoval jsem se do Izraele. Čtyři roky jsem si odpracoval v armádě, kde jsem opravoval elektroniku letadel.

---

[1] RaBaŠ – **R**abi **B**aruch **Š**alom HaLevi Ašlag (רבי ברוך שלום הלוי אשלג), známý pod akronymem Rabaš (HaRaBaŠ, הרב"ש), žil v letech 1906–1991. Syn a žák Ba'ala HaSulama – největšího kabalisty 20. století.

Poté jsem z armády odešel, otevřel jsem si svůj vlastní podnik, který vynášel dobrý příjem, koupil jsem dvoupodlažní podkrovní byt, pokoušel jsem se napodobovat bohaté a význačné a myslel jsem si – zapomenu na to...

Ale nedařilo se mi to, vstával jsem v noci, vycházel jsem na dvůr a nemohl jsem se ovládnout, aby se mi do očí samy nehrnuly slzy. „Ale co to znamená?!" přemýšlel jsem a obracel se na někoho, neznámo na koho: „Alespoň mi ukaž, jakým směrem hledat?!"

V určitém okamžiku jsem si myslel – v náboženství. Viděl jsem: věřící jsou pokojní, laskaví – zřejmě našli smysl života.

Jel jsem do Jeruzaléma ke slavnému rusky mluvícímu rabínovi, který mi naprosto vážně řekl, že had byl na dvou nohách: „Není to tak? Tak je to napsáno!"

„Musím tomu věřit?" zeptal jsem se ho.

„A jakpak by ne, podívej, tady je to napsáno černé na bílém," odpověděl.

A to mě okamžitě odradilo svou naprostou nevědeckostí.

Setkal jsem se s Branoverem, doktorem fyziky, který přistoupil na víru, a myslel jsem si: fyzik, člověk vědy... Nevyšlo to.

Studoval jsem tři měsíce v Kfar Chabadu,[2] studoval jsem *Talmud*[3] s adolescenty, četl *Taniju*[4]. Odešel jsem pryč.

Během období tohoto „hledání" jsem se setkal s kamarádem, který hledal stejně jako já. Jmenoval se Chajim Malka. Spřátelili jsme se, začali jsme se každý večer scházet a systematicky jsme se propracovávali všemi knihami. Chajim četl nahlas a já jsem to zapisoval jako na přednáškách na univerzitě. Takto jsme prostudovali spoustu knih Ramaka[5] a Ramchala[6].

Ale cítil jsem, že knihy nepomáhají, a navíc – nepomohou. Pochopil jsem, že sám neprorazím. Je třeba hledat Učitele. Toho, kdo již tuto cestu prošel. Jak jsme řekli, tak udělali – začali jsme hledat.

Setkali jsme se s učitelem, jenž se jmenoval Baba Sali.[7] Všichni říkali, že je to kabalista. Ukázalo se, že je to prostý, velmi otevřený člověk. Řekl, co viděl, ale nedokázal to vysvětlit.

Pak jsem narazil na centrum Berga[8]. Skoupil jsem všechny knihy, které tam měli. Setkal jsem se se samotným Bergem, dokonce jsem se zúčastnil několika jeho lekcí, dokud nezačal vysvětlovat vesmír. Tady

---

2   Kfar Chabad (hebr. כפר חב"ד) – náboženské sídlo Chasidů v Izraeli. *ChaBaD* (חב"ד) je směr chasidismu (akronym ze slov **Ch**ochma, **B**ina, **D**a'at – moudrost, pochopení, poznání), který se také nazývá lubavičský chasidismus podle města Lubavič v Rusku, kde v letech 1813 až 1915 pobývali generace předchůdců dnešních nejvýznamnějších představitelů tohoto směru.

3   *Talmud* – učení, soubor právní a náboženské etiky judaismu zahrnující *Mišnu* a *Gemaru* v jejich jednotě.

4   *Tanija* (hebr. תניא) nebo *Likutej Amarim* (hebr. ליקוטי אמרים) je základní kniha *ChaBaDu*, od rabiho Šneura Zalmana z Ljady, zakladatele chabadského chasidismu, prvně publikována v roce 1979. Oficiální název *Likutej Amarim* v hebr. znamená „sbírku výroků". *Tanija* je její první slovo a znamená „učil jsem se ústním podáním".

5   RaMaK – **Ra**bi **M**oše **K**ordovero (רבי משה קורדווירו), známý pod akronymem Ramak (RaMaK, רמ"ק), žil v letech 1522–1570. Známý kabalista, zástupce safedské školy kabaly v otomanské Sýrii, autor mnoha knih.

6   RaMChaL – **Ra**bi **M**oše **Ch**ajim **L**ucato (רבי משה חיים לוצאטו), známý pod akronymem Ramchal (HaRaMChaL, הרמח"ל), žil v letech 1707–1746. Kabalista, autor desítek kabalistických knih o židovské etice.

7   Jisra'el Abuchacira (ישראל אבוחצירא), také známý jako Baba Sali (באבא סאלי), což znamená „modlící se otec", žil v letech 1889–1984. Kabalista, duchovní vůdce marockých Židů žijících v Maroku a v Izraeli.

8   Kabalistické centrum Berga – založeno v roce 1971. Zakladatel centra F. Berg – žák rabiho J. Brandweina – jednoho ze žáků Ba'ala HaSulama.

jsem si uvědomil: tohle již určitě není pro mne. Nemohl jsem strpět žádný mysticismus…

Pak jsem v Jeruzalémě natrefil na Jicchaka Zilbermana. Byl to všemi uznávaný kabalista, který žil v Jeruzalémě. Učil kabalu podle velikého Ga'ona z Vilna (HaGra)[9]. A zároveň to byl věřící člověk, kterého si všichni vážili, a ne mystik jako Berg, kterého naopak nemohli snést. Řekl mi: „Ty a já žijeme mezi věřícími, proto musíme studovat *Talmud*. Poskytne nám ochranu, abychom se mohli učit kabalu. Neboť kabalu nikdo nemá rád."

Začal jsem u něho studovat. Trochu přednášel základy kabaly z knihy *Safra de-Cnijuta*, kterou napsal HaGra. Ale také nemohl nic vysvětlit! Prostě jenom četl, a to bylo všechno. Rozzlobilo mě to: „Co se děje?" zeptal jsem se. „O čem to je?"

„Jednou se to dozvíme," odpověděl.

Toto „jednou" mi nevyhovovalo. Potřeboval jsem odpovědi, ne sliby. Potom ke mně Zilberman přijel domů a spatřil na mých policích knihy Ba'ala HaSulama.[10] Zbělel, ukázal na ně rukou a řekl: „Ty dej raději dolů do sklepa, z dohledu." Tehdy jsem se rozhodl, že je čas s ním skončit.

Tak jsem poprvé obhajoval Ba'ala HaSulama, i když jsem tehdy ještě nevěděl, že s jeho jménem a s jeho odkazem sváž celý svůj budoucí život.

---

[9] HaGRA – Rabi Elijahu ben Šlomo Zalman (רבי אליהו בן שלמה זלמן), známý jako Vilna Gaon (génius z Vilniusu) nebo pod svým akronymem HaGra (HaGRA, הגר"א) ze slov **HaG**aon **R**abenu **E**lijahu (הגאון רבנו אליהו) – génius rabi Elijahu, žil v letech 1720–1797. Kabalista, význačná duchovní autorita.

[10] Rabi Jehuda Leib HaLevi Ašlag (רבי יהודה ליב הלוי אשלג), zvaný Ba'al HaSulam (בעל הסולם), žil v letech 1884–1954. Zakladatel moderní metodiky kabaly. Autor komentářů ke spisům Ariho. Jméno „Ba'al HaSulam", dosl. Pán žebříku, obdržel po vydání svého komentáře *Sulam* (v hebr. žebřík) ke Knize *Zohar*.

/ PŘIVEDOU TĚ KE ZDI... /

A pak jednou, po mnoha hledáních učitele, jsme se s přítelem Chaimem Malkou sešli v jeho bytě v Rechovotu. Přišel jsem po práci unavený a zničený – prostě přetažený. Byl chladný, deštivý zimní večer se silnými poryvy větru.

Chajim navrhl: „Pojďme si jako obvykle uvařit kávu a budeme se učit." Ale já jsem odpověděl: „Ne, já už více nemohu."

Vzpomínám si na svůj pocit velmi jasně: všechno je marné, není kam jít, nač je mi takový život?!

Když je člověk přiveden do takového stavu a nemůže uniknout, je to zázrak. Zdálo by se, že je třeba vstát, zabouchnout dveře a úplně zapomenout. Mám dost peněz, mám práci, úžasnou rodinu, mohu jet, kam chci, cestovat, žít pro své potěšení. Ale nejde to. Přivedou tě ke zdi, jednoduše tě k ní přimáčknou, a najednou ti do srdce vloží poslední naději.

Teprve později, po mnoha letech, jsem si uvědomil, že se jedná o nejvzácnější okamžiky života, kdy se cítíš naprosto ve slepé uličce. Také se to nazývá modlitba.

A v tomto beznadějném stavu říkám: „Chaime, právě teď hned jedeme hledat učitele." Z mlhy, z naprosté bezmocnosti, se vynořila tato slova: „Musíme ho najít ještě dnes!"

„Ale kde hledat?" zeptal se. „Byli jsme spolu všude."

„Slyšel jsem, že kabalu učí v Bnei Braku."[11] A nebylo to tak, že bych o tom někdy přemýšlel. Za všechny ty roky jsem navštívil Bnei Brak jen jednou nebo dvakrát; to město jsem vůbec neznal. A najednou jsem řekl: „V Bnei Braku."

A Chajim také prakticky nepřemýšlel ani okamžik a ihned souhlasil: „Dobře, tak jedeme."

Nasedli jsme do auta a odjeli. Vzpomínám si, že liják úplně zaplavoval čelní sklo a já jsem řídil téměř poslepu. Vůbec mi však nepřišlo na mysl, že bych mohl zastavit, přečkat déšť, nebo se vrátit. Ne – jet, a to co možná nejrychleji.

---

11 Bnei Brak (hebr. בני ברק) je město v Izraeli, které se nachází v okrese Tel Aviv. Větší část města je obydlena religiózními obyvateli.

/ ANDĚL NA SEMAFORU /

Přijeli jsme do Bnei Braku. Stojíme na křižovatce uprostřed města a kam jet?! Nevíme... A pak otevírám okno a přes liják křičím na muže v černém tradičním náboženském oděvu, který stojí na semaforu, jako by na nás čekal. Křičím: „Řekněte mi, kde tady vyučují kabalu?!"

Bylo to před čtyřiceti lety, tehdy před slovem „kabala" uskakovali jako od lepry. Ale tento muž se na mě podíval a klidně řekl: „Teď zahni doleva, jeď k plantáži a naproti ní uvidíš dům – tam vyučují kabalu."

Když se Rabaš o tomto příběhu dozvěděl, řekl: „Byl to anděl. Právě takto jsou lidé přivedeni na správné místo. Určitá síla tě vezme, rozvine se a nasměruje tě tam, kde najdeš odpověď na všechny své otázky. Pokud jsi vynaložil úsilí, určitě tě přivede."

/ VYPOČÍTAT VYŠŠÍ SCÉNÁŘ /

A tak jsme jeli. A skutečně, po několika stech metrech ze tmy vystupují stromy citrusového sadu, objevuje se dům.

V jednom vzdáleném okně se tlumeně svítí. Zastavujeme, vcházíme dovnitř. Všude je tma, s výjimkou malé místnosti na konci sálu. Vejdeme tam a hle – sedí tam pět nebo šest starých mužů a studují.

Vzpomínám si, že jsem se ptal přímo od dveří: „Učí se zde kabala?" Stařec sedící v čele stolu nám prostě jen tak řekl: „Ano, tady, sedněte si." Posadili jsme se.

Četli Knihu *Zohar*.[12] Četli ji v aramejštině[13] nahoře, v hebrejštině dole a vysvětlovali v jidiš[14]. Hebrejsky jsem víceméně znal, uměl jsem číst a mluvit, ale aramejsky a jidiš... to bylo přespříliš. Chtěl jsem okamžitě vstát a jít hledat nějaké nové místo, byl jsem netrpělivý a nestaral jsem se o to, co si o mně pomyslí. Ale Chajim mě zadržel. Byl zvyklý se učit v religiózní škole, velmi si vážil „mudrce a žáků mudrce". Proto mne gestem zastavil a řekl: „Seď me!"

Tak jsme zůstali do konce lekce. Stále jsem přemýšlel o tom, že nerozumím ani jejich hebrejštině, natož aramejštině a jazyku jidiš. Pomyslel jsem si: „Musíme odsud utéci, a to co nejrychleji."

Stařec se však náhle zeptal: „Co chcete?"

„Pocházíme z Rechovotu a chceme najít místo, kde vyučují kabalu," odpověděl jsem.

Vzpomínám si na to, že jsem řekl: „Chceme najít místo," a ne „chceme studovat," protože jsem si byl jistý, že tu nezůstaneme.

„Obstarám vám to místo. Dejte mi telefonní číslo, všechno zařídím a zavolám vám," odpověděl stařec.

Kolikrát jsem pak myslel na to, jak nemožné je tento Vyšší scénář vypočítat logicky! Byl jsem tehdy připraven odejít, utéci. Ale zastavili mne. Jaké štěstí!

---

[12] Kniha *Zohar* je stěžejní kabalistická kniha, napsaná kolem roku 120 n. l. Autorem je rabi **Šimon bar Jochaj** (רבי שמעון בר יוחאי), zvaný Rašbi (RaŠBI, רשב״י).
[13] Aramejština – jazyk semitské skupiny. Ve starověku byla aramejština mluveným jazykem v zemích Izraele, Sýrie a Mezopotámie.
[14] Jidiš (dosl. „židovský") je židovsko-německý dialekt německé skupiny, historicky základní jazyk Židů Aškenázi, kterým na začátku 20. století mluvilo asi 11 miliónů lidí na celém světě.

/ NECHCI JET /

Vrátili jsme se do Rechovotu. Druhý den bylo obvyklé pracovní ráno. Okolo čtvrté hodiny odpoledne ke mně přišel Chajim a prohlásil: „Dnes se jedeme učit."

Řekl jsem mu, že nikam nepojedu, že na mne neudělali dojem ani oni, ani jejich učitel. A také nerozumím jejich hebrejštině. Stručně řečeno, je to ztráta času, a my jsme ho již ztratili dost.

Ale Chajim naléhal, nevzdával se, řekl, že to slíbil, takže už nemůžeme nepřijet, že je třeba projevit úctu a dostavit se, i když ne nadlouho. Tak jsem souhlasil. Ale s podmínkou, že přijdeme, posedíme pět až deset minut, a pak budu předstírat, že jsem si vzpomněl, že mám sjednanou důležitou schůzku, a my navždy zmizíme.

Slíbil mi to, a tak jsme jeli.

/ DOSTAL JSEM ŠANCI /

Když jsme dorazili, opět tam byl ten hlavní stařec.

Tehdy jsem nevěděl, že je to Rabaš – největší kabalista, kterému budu zavázán svým životem – o nic více ani o nic méně.

Tehdy jsem byl nikdo, takže jsem to nemohl pochopit. Takto jsou lidem zavírány oči, uši i rozum a ty nevidíš, s kým máš tu čest, a jsi připraven všechno opustit a odejít. Ale přesto tě zdrží, dají ti šanci se uchytit. A mně tuto šanci dali.

Prvním povzbuzením bylo to, že jsem na budově spatřil nápis „ARI–Ašlag".[15] V noci jsem tento nápis neviděl.

Věděl jsem, že Ari[16] je velký kabalista 16. století. Chajim a já jsme se pokoušeli číst jeho dílo „Strom života".

---

[15] „ARI-Ašlag" je nápis složený ze jmen dvou kabalistů: Jehuda Ašlag (Ba'al Ha-Sulam) a Jicchak ben Šlomo Luria Aškenazi (Ari).

[16] ARI – rabi Jicchak ben Šlomo Luria Aškenazi (רבי יצחק בן שלמה לוריא אשכנזי), známý pod akronymem Ari (HaARI, האר"י), jenž je odvozen ze slov **A**donenu **R**abenu **J**icchak (אדוננו רבנו יצחק) – náš rabi Jicchak. Ari žil v letech 1534–1572. Působil v židovské komunitě v galilejském Safedu v osmanské Sýrii. Jeden z největších kabalistů v dějinách lidstva. Vytvořil základní vzdělávací systém kabaly, který je po něm nazýván luriánská kabala. Každý, kdo studuje kabalu, může pomocí jeho metodiky dosáhnout Cíle stvoření. Jeho slova sepsal rabi

Věděl jsem, kdo byl rabi Ašlag (Ba'al HaSulam). Četli jsme jeho učebnici „Učení deseti *Sfirot*"[17] a nebylo to snadné. Prostudovali jsme jeho „Úvod do vědy kabaly"[18] a mysleli jsme si, že něčemu rozumíme. Stručně řečeno, trochu mě to uklidnilo. „Ari–Ašlag" – to byla určitě kabala.

Vešli jsme dovnitř. Rabaš zavolal jednoho starého muže, jmenoval se Hillel, mluvil na něho jako na nějaké dítě a řekl: „Hillele, pojď sem a trochu se s nimi uč."

Hillelovi tehdy již bylo kolem 65 let, byl to nemocný stařec se slzícíma očima a bledou tváří, s obtížemi se pohyboval.

Pomyslel jsem si: „To on nás bude učit?"

Pak jsem se dozvěděl, že Hillel je potomek slavné chasidské rodiny. Mohl by stát v čele dynastie, ale v mládí se setkal s Rabašem, s nímž začal rozmlouvat o vnitřní práci, o Vyšším vedení. Hillel si náhle uvědomil, že Rabaš ví něco, o čemž on sám nemá nejmenší představu. Překvapilo ho, že má Rabaš takové znalosti, vzplanul, všeho nechal a přimkl se k Rabašovi – jak se ukázalo, navždy.

To vše jsem se o Hillelovi dozvěděl až později, ale zatím jsem měl velké pochybnosti, zda se od něho mohu něco naučit. Znovu jsem se podíval na dveře a přemýšlel jsem, jak bez povšimnutí zmizet... Ale zůstal jsem.

A zůstal jsem jen díky Rabašovi. Znenadání jsem si všiml, jak lehce se pohybuje, jak na nás svým osobitým způsobem ukazuje rukou, jak mi pokývl. Ano, přesně si vzpomínám, jak se na mě podíval takovým způsobem, že jsem se rozhodl nespěchat, zůstat.

Teď chápu, že o mně tehdy Rabaš již věděl všechno.

    Chajim Vital, přičemž vytvořil početná díla, z nichž stěžejním je *Ec Chajim* (עץ חיים), Strom života, čítající osm svazků.

17 TES [čti Ta'as – ze slova Ta'ase – činit] – *Talmud Eser Sfirot* – Učení deseti *Sfirot* je stěžejní kabalistická učebnice naší doby (šest svazků, více než 2 000 stran). Kniha je hlavním odkazem Ba'ala HaSulama. Ačkoli je Ba'al HaSulam proslulý jako autor komentáře *Sulam* ke Knize *Zohar*, těm, kdož chtějí vstoupit do Vyššího světa, dává Učení deseti *Sfirot* sílu nezbytnou k překonání hranice, která rozděluje náš a duchovní světy. Obsahuje otázky a odpovědi, materiály pro opakování a zapamatování, vysvětlení, grafy, kresby a tak dále. Kniha popisuje zákony a síly, které řídí náš vesmír.

18 Článek Ba'ala HaSulama, který se studuje před Knihou *Zohar* a *TES*.

/ ŠOK /

Posadili jsme se v domě do prázdné místnosti. Opět nastala tma, zase hřměl hrom, jiskřily blesky. Venku byla hrozná zima, ale tady bylo teplo, útulně a to na mě také zapůsobilo – tak kam bys v tom nečase chodil? A začali jsme se učit.

Hillel řekl: „Obvykle začínáme ‚Úvodem do vědy kabaly'."

Napadlo mne, že ho takto budu moci prověřit, neboť jsme tento úvod již studovali. V té době jsem ještě nevěděl, že v kabale není „studium" stejné jako ve fyzice nebo v matematice, že zde znalosti nehrají žádnou roli, ale že pochopení přijde později. Zatím jsem si však byl jistý sám sebou a byl jsem připraven Hillela prověřit. Seděl před námi, nemocný, unavený, otíral si slzící oči kapesníkem, pokašlával. Díval jsem se na něho a ani ve snu by mne nenapadlo, co se stalo potom.

Začal číst první větu „Úvodu do vědy kabaly", číst a vysvětlovat...

„Rabi Chananja ben Akašija řekl: ‚Stvořitel chtěl poctít Izrael...' V hebrejštině je slovo ‚poctít' podobné slovu ‚očistiť'. To vyvolává dvě otázky:

a) Jakými privilegii nás chce Stvořitel poctít?
b) Od jaké ‚nečistoty' nás chce očistit?..."

Hillel zvedá uslzené oči a ptá se vzápětí za Ba'alem Sulamem: „Tak od čeho nás chce očistit, co?"

A nečeká na naši odpověď a začíná vysvětlovat.

Na tento okamžik nikdy nezapomenu. Najednou jsem pocítil, že jsem doslova přikován k židli. Začal jsem se třást. Díval jsem se na něho a nemohl jsem z něho odtrhnout oči.

Nikdy, nikdy v životě jsem neslyšel tak logické, přesné a vědecké vysvětlení. Přede mnou nebyl nemocný stařec, ale borec se štítem a mečem v rukou, nebyl to unavený, neznámý učitel, ale Velký mudrc, jakého svět neviděl.

Vysvětloval nejsložitější věci, „kvantovou fyziku, vyšší matematiku" duchovního světa, ale ve velmi jednoduché formě, s přesnými definicemi, snadno a jasně. Odhaloval před námi velkého Ba'ala Ha-Sulama. Přímo převracel naše myšlení.

Co jsem tehdy pocítil? To, co může pocítit člověk, když se zbaví strašné bolesti, velkého utrpení, smrtelné nemoci, když mu již byla stanovena diagnóza – nevyléčitelné! A najednou se ukáže, že existuje lék a že se určitě uzdraví.

A všechny mé otázky: „Nač žiji?", „Proč existuji?", „Odkud jsem přišel?", „Kvůli čemu?", „Kdo jsem?" – všechny mé osobní otázky, které mě ničily a zároveň i globální otázky: „A nač existuje svět?", „A celý vesmír?" – všechny se najednou začaly vyjasňovat, ukázalo se, že spolu úzce souvisejí a že na ně existují odpovědi. Pochopil jsem: „Našel jsem to! Je to tady, je to skutečné! Jen si to nenechat ujít!"

A nejdůležitější bylo, že jsem cítil, že jsem doma. Že právě zde, v tomto domě, na předměstí Bnei Braku skončila moje cesta plná zoufalství a beznaděje, prázdnoty a deprese.

/ NAŠEL JSEM A NEPUSTÍM /

Nevšiml jsem si, jak lekce skončila. Hillel náhle zavřel knihu. Ale ve mně všechno vyžadovalo, aby lekce pokračovala: jak teď někdo může někam odejít, jak se člověk může začít zabývat pozemskými záležitostmi – ne, to je nemožné!

Hillel však řekl: „Myslím, že se budeme scházet jednou týdně."

„Jednou týdně?!" slyšel jsem svůj vnitřní křik a okamžitě jsem odpověděl: „Máme čas zítra. Velmi bychom si přáli přijít zítra. Prosíme – zítra!"

A on souhlasil.

/ HILLEL ROZNĚCUJE /

Nazítří jsem již přišel s magnetofonem. Začali jsme se učit. Asi o dva měsíce později, když ustoupilo první nadšení a podařilo se mi pochopit, co se děje, jsem učinil svůj zásadní závěr. Jsem na správné cestě se správným učitelem. Už jsem se nebál klást otázky a ptal jsem se přímo k věci. Ptal jsem se, jak se k nám chová Vyšší síla, na Myšlenku stvoření a na to, jak se v nás realizuje. Hillel si věděl rady se všemi otázkami. A tehdy jsem je zaostřoval.

Vůbec jsem ho nechtěl mást a narušovat průběh lekce, ale pokaždé jsem chtěl všechno více vysvětlit. Cítil jsem po této vědě takovou žízeň, jako nikdy po ničem jiném v mém životě.

A on ji rozněcoval stále víc a více. Odpovídal bez přemýšlení, jako by věděl, jakou otázku mu položím. Dával konkrétní, jednoduchá vysvětlení jako v mechanice: je Světlo, je nádoba a ty na sebe navzájem působí. A najednou se ukázalo, že takto lze vysvětlit vše.

Začali jsme studovat „Učení deseti *Sfirot*". Odkrýval před námi systém světů, vedl nás od síly k síle, oplýval přesnými, vynikajícími znalostmi a uměl je dobře předat.

/ RABAŠ CHCE S TEBOU HOVOŘIT /

Začal jsem studovat v zimě a o dva nebo tři měsíce později, před blížícím se svátkem *Pesach*, mi Hillel řekl: „Michaeli, Rabaš s tebou chce mluvit o samotě."

Nebyl jsem z toho příliš nadšený, byl jsem s výukou u Hillela naprosto spokojen, vyhovovala mi. Ale Hillel se na mě podíval tak zvláštně, že jsem pochopil – musím jít k Rabašovi.

Rabaš mě zavolal do své kanceláře, posadil se naproti mně, otevřel knihu a začal se se mnou učit „Předmluvu ke Knize *Zohar*".[19]

Již dříve jsem se pokoušel číst tuto předmluvu, ale bylo pro mě těžké do ní proniknout. Ba'al HaSulam začíná článek tak, že pokládá celou řadu otázek: „Co je naší podstatou?", „Jaká je naše role v dlouhém řetězci reality, v níž jsme jejími malými články?"...

Rabaš četl tyto otázky a současně vysvětloval. „Jak je možné, aby z Věčného, jež nemá začátek ani konec, pocházela bezvýznamná, dočasná a chybná stvoření?" četl.

---

[19] Jeden z úvodních článků Ba'ala HaSulama, kterým se začíná studovat kabala.

Odpovídal a já pozorně poslouchal a myslel si, že příliš nechápu, o čem hovoří.

A Rabaš pokračoval ve čtení.

Od druhého nebo třetího odstavce této předmluvy jsem ho naprosto přestal chápat. Nevnímal jsem ani slovo. Nemohl jsem skloubit slova dohromady, spojit je v mysli a natož v srdci. Zachytil jsem myšlenku a okamžitě jsem ji ztratil.

Ne, nebylo to tajemství Tóry nebo něco abstraktního. Cítil jsem se jako úplný idiot. Koneckonců jsem byl zvyklý vnímat materiál, proniknout do něho, vyjasňovat si ho, nakreslit a napsat si jej. A tady nebylo vůbec nic, čeho bych se mohl svým vzděláním přidržet.

Asi po hodině Rabaš řekl: „No, pro dnešek dost. Budeme pokračovat příště."

Odešel jsem od něho se smíšenými pocity, zlobil jsem se na něho i na sebe, ale učinil jsem rozhodnutí, že příště již všechno pochopím.

Příště nastalo za několik dní.

Hillel mi opět řekl: „Pokud chceš, dnes po naší lekci můžeš jít k *Rebemu*[20]."

A opět jsem byl u něho na lekci a opět jsem nic nechápal.

Poté mi již Hillel více nenabízel, abych šel k Rabašovi.

/ SKONČIL SE MNOU?! /

Nemile se mne to dotklo. Byl jsem na Rabaše rozzlobený. To proto, že nic nechápu?! Dobře, nechápu, co naděláš, ale vždyť jsem sotva začal! A kvůli tomu mě nechce učit, skončil se mnou! Zažehl ve mně oheň a hned mne ponechal planout samotného. Přestal mě učit, jak to mohl udělat?

Teprve později jsem pochopil, co se mnou Rabaš dělal. Prověřoval mě. Prověřoval, zda budu rozhořčený. Jestli budu znovu vyhledávat příležitost k tomu, abych ničemu nerozuměl, nebo dám přednost poznání, kde se nic nedotýká mého „já". Ve své podstatě prověřoval, zda má cenu se se mnou vůbec zabývat. Zda jsem již dozrál k bolesti, ke skutečnému hledání, k růstu, má-li smysl do mě vkládat síly, nebo ne.

---

[20] *Rebe* (רבי) – uctivé oslovení rabína obvyklé u aškenázských Židů.

Tehdy to ve mně budilo rozhořčení, dnes však vidím, jak všechno přesně ověřoval.

Vyšší vždy rodí nižšího. Nižší nemůže porodit sám sebe. Rabaš prověřoval – jestli se chci změnit. Budu-li ho probouzet jako plačící nemluvně. Budiž, zatím bez pochopení, co potřebuji. Jen proto, že se cítím špatně. Chtěl ode mne nevědomou modlitbu. Chtěl, abych ho přiměl, aby se mi věnoval.

Tak to bylo. Ještě jsem se s Rabašem „neznal", ale to, že mě „odstrčil", ve mně vyvolalo obrovskou touhu se k němu dostat.

Rabaš všechno viděl, cítil a mlčel.

/ VYVOLANÁ POCHYBNOST /

Najednou jsem si uvědomil, že existuje i jiný druh studia. Ne racionální, ne vědecký, ani ten, na který jsem zvyklý. A navzdory tomu, že jsem se dál učil u Hillela, právě od toho okamžiku se mi přestalo dařit jako dříve se nořit do studia textů ve snaze pochopit, co bylo napsáno, dozvědět se, ovládnout látku a radovat se z toho, co jsem se naučil. Rabaš mi toto uspokojení „pokazil". Zasel do mě pochybnost, která vyrostla do neodbytné myšlenky – proniknout dovnitř studovaného materiálu.

/ „CHYTŘÍ KABALISTÉ" /

Díky Rabašovi jsem začal chápat, co s tebou dokáže „provést" Ba'al HaSulam! Vede tě, rozhoupe tě tak, že se objevuje naděje na pochopení. Chytáš se jí, raduješ se... A najednou všechno zmizí. A ty jsi zoufalý, rozhodíš rukama – jak je to možné? Všechno to bylo tak jasné, logické... Proč to všechno zmizelo?

Protože úkol Ba'ala HaSulama je jiný. Přivede tě k tomu, že ti tvůj mozek, rozum, na který ses celý život spoléhal, nedává vůbec nic. Snaž se to pochopit zavčasu, abys sis neprodlužoval cestu. Ale není to snadné! Cožpak je jednoduché odložit pozemský rozum a odevzdat se neznámému?!

Rabaš požadoval, abych byl připraven proniknout mezi slova. Tak, aby se všechno studované stalo průzračné. A já skrze tuto průzračnost vstoupil do jiné reality. To se nazývá vnitřní odhalení. Když rozumíš a vnímáš svět za touto knihou, za jejími slovy. Když prostřednictvím slov vstoupíš do jiného světa. Rabaš mi umožnil pocítit, že taková možnost existuje.

A já jsem si uvědomil, že ji nemohu promeškat.

/ TAK JSEM ZAČAL ŽÍT /

Zeptal jsem se Hillela, kdy mohu přijít na noční lekci. Předtím jsem se učil jenom večer.

Obvyklá lekce Rabaše začínala ve tři ráno a trvala do šesti hodin ráno. Řekl jsem: „Opravdu bych si to velmi přál."

Hillel odpověděl, že se poradí s Rabašem.

„Kdy?" zeptal jsem se.

„Pokusím se dnes."

„A nemohlo by to být teď, mohu počkat," řekl jsem.

Hillel se na mě podíval, zarazil se a zeptal se: „A jestli je Rabaš zaneprázdněn?"

„Mám čas," odpověděl jsem.

Hillel odešel za Rabašem do druhého patra, kde bydlel, a brzy se vrátil.

„Rabaš souhlasí," řekl. „Přijď".

Od tohoto okamžiku, asi před čtyřiceti lety, začalo nové a nejdůležitější období mého života. Právě toto období nazývám životem.

/ V OČEKÁVÁNÍ ZÁZRAKU /

Bydlím v Rechovotu, ale každou noc přijíždím na lekci do Bnei Braku. Vstávám ve dvě hodiny ráno, dokonce často vyskočím i dříve! Letím k autu a uháním tak, abych se co nejrychleji dostal do našeho potemnělého, chladného sálu, abych tam byl jedním z prvních, rychle připravil kávu a otevřel „Učení deseti *Sfirot*". Na jakékoliv stránce. A pak znehybnět nad těmito řádky, snažit se pocítit Ba'ala HaSulama a proniknout skrze něho dovnitř... Ale cožpak je to vůbec možné?!

Pak přijdou všichni. Rabaš sestupuje z druhého patra. A učíme se.

V té době nás nebylo mnoho. Většina z nich už odešla na onen svět, ale pamatuji si každého, každý okamžik, názory, otázky, odpovědi Rabaše i ticho, když zavřel oči, a my se báli pohnout, abychom ho nevyrušili.

Takto jsem se začal učit u Rabaše.

A Chajim Malka se rozhodl zůstat u Hillela.

/ RABAŠ JE ZDĚŠEN /

Na první ranní lekci jsem přinesl magnetofon. Okamžitě jsem si uvědomil, že si nechci nechat ujít ani jediné slovo. Tolik jsem na tento den čekal! Určitě si musím všechno zaznamenat. Položil jsem magnetofon na stůl a náhle jsem zpozoroval, že je Rabaš zděšen.

Prohlížel si magnetofon, nevěděl, jak tomu má rozumět, mlčel a nezačínal s lekcí.

Jde o to, že ani u něho, ani na lekcích jeho otce nebylo zvykem, aby někdo zapisoval, co bylo řečeno, ani tužkou nebo perem, natož aby nahrával na magnetofon. A najednou by mělo být všechno zaznamenáno, každé slovo.

Řekl mi: „Ne, nezapínej to."

Přestože jsem se ho snažil přesvědčit, nesouhlasil. Pochopil jsem, že pokud teď něco nevymyslím, budu se proklínat celý svůj život.

/ PŘESVĚDČIL JSEM HO! /

Jel jsem do Tel Avivu a koupil jsem speciální magnetofon.

Posadil jsem se naproti Rabašovi a ukázal mu všechny funkce magnetofonu: „Toto tlačítko je pauza, můžete zastavit nahrávání; tady to je – převinout zpět, můžete najít každé slovo, každou větu; a toto tlačítko může vše vymazat, pokud budete chtít..."

Pozorně naslouchal, několikrát si to sám vyzkoušel, stiskl všechna tlačítka, zapínal, vypínal. Mezitím jsem mu řekl, že my, nová generace, jsme studenti, kteří jsme zvyklí si všechno psát, dělat si poznámky – pokud nepíšu, vlastně ani neslyším. Jsme vnější, prázdní, je třeba nás naplnit...

A on pochopil. Pochopil, že přijdou noví studenti a budou muset z něčeho začít. Budou potřebovat záznamy. Souhlasil. Protože byl revolucionář ve všem. Ale souhlasil pouze pod jednou podmínkou, že bude magnetofon položen vedle něho a on sám určí, co zaznamená, a co ne.

Takto ovládal magnetofon po všechny ty roky a nashromáždil přes 2 000 hodin záznamů z lekcí. Ano, a také ještě spoustu obrázků.

Jde o to, že jsem seděl vedle něho a všechno jsem zapisoval a kreslil. Někdy můj výkres opravil nebo ho úplně překreslil.

/ K SRDCI /

Po čase jsem pochopil, proč je Rabaš proti všem záznamům. Pochopil jsem, proč se k tomu staví s mírným opovržením. Jednou mi vmetl: „Jaký je rozdíl v tom, jestli jsem ti o něčem řekl, nebo ne?..."

Protože požadoval změny ve mně samotném. Ne na papír, nýbrž do sebe bylo nutné vnést to, co jsem od něho slyšel. Aby to přes paměťovou mřížku proniklo dovnitř, do samotného srdce, a tam se to rozeznělo.

Celým svým životem mi ukazoval, co to je – každý den být novým, každý den začít od nuly bez jakékoliv příměsi včerejška s pochopením, že Stvořitel vyžaduje změny v srdci, a nikoliv výkaz o zapamatovaném materiálu.

/ NÁHODY NEEXISTUJÍ /

Takže jsem nadále chodil na ranní lekce k Rabašovi a na večerní lekce k Hillelovi.

Rabaš o mne zatím neprojevoval zvláštní zájem. Byl jsem pro něho běžný student, kolik vydržím, tolik vydržím, tak mi to tehdy každopádně připadalo.

Nevím, jak by to bylo dál, kdyby se mne jednou ráno nezeptali: „Můžeš odvést Rabaše k lékaři?" Řekl jsem: „Ano, mohu".

Jaké štěstí, že jsem byl v té době blízko, jaké štěstí, že všichni byli něčím zaneprázdněni a že jsem měl auto. Protože od této chvíle získal můj život jiný rozměr.

Odvezl jsem Rabaše k lékaři, měl zánět v uchu. Ošetřující lékař ho poslal do nemocnice. V nemocnici mi doktor řekl: „Mám podezření, že váš učitel má rakovinu." Moje srdce se zastavilo. „Co dělat?" Lékař odpověděl: „Jděte okamžitě do nemocnice!"

To všechno se stalo před svátkem *Šavu'ot*. Bál jsem se, že *Rebe* nebude souhlasit, že ho budu muset přemlouvat. Přistoupil jsem k němu a pověděl mu, na čem se shodují lékaři a že na tom trvají. Rabaš mě vyslechl a klidně odpověděl: „Půjdeme si lehnout do nemocnice." A šli jsme.

Pro mě to byla lekce. Uvědomil jsem si, že Rabaš jasně chápe, že musí být fyzicky naprosto zdravý, aby mohl učit. Nemohl si dovolit zanedbávat tělo; cíl zde určoval všechno. Neboť tělo musí být neustále v pracovním stavu. Instrukce lékařů Rabaš přijal jako příkaz Shora.

Dále se vše vyvíjelo překvapivě hladce. Dali nám samostatný pokoj. Zeptal jsem se Rabaše, kdy mám přijít? Myslel jsem si, že řekne odpoledne nebo v úředních hodinách; vždy dodržoval zákony. Ale on odpověděl: „Přijď ráno, budeme se učit."

Zachvěl jsem se. Ještě teď si vzpomínám na to vzrušení, které jsem pocítil: „Rabaš se bude učit jenom se mnou samotným!" O tom se mi ani nesnilo!

Nesměle jsem se zeptal: „V kolik hodin mám přijet?"

„Ve čtyři hodiny ráno," odpověděl.

Domů jsem nejel – letěl jsem jako na křídlech! Musel jsem se připravit.

/ MEZI HILLELEM A RABAŠEM /

V půl čtvrté ráno jsem byl u vchodu do nemocnice. Nepustili mne dovnitř, tak jsem přelezl přes plot, přitom jsem si ze spěchu a vzrušení roztrhl kalhoty. Po požárním schodišti jsem vylezl nahoru k Rabašovi, který již na mne čekal.

Zakouřili jsme si, tehdy bylo možné kouřit kdekoli.

Tentokrát neotevřel „Předmluvu", nýbrž „Učení deseti *Sfirot*" (*TES*). A začal číst.

Doufal jsem, že najednou něco pochopím, tolik jsem doufal, že se do toho dostanu. Koneckonců jazyk, kterým je *TES* napsán, je podobný jazyku fyziky. Nebo se mi možná náhle odkryje smysl toho, co bylo napsáno, když jsem sám s Učitelem? Nebo třeba ke mně Rabaš změní své chování a všechno vysvětlí? To se však nestalo. Bylo to ještě horší.

Nic mi neřekl. Prostě jen četl a to bylo všechno. A já jsem nic nechápal. Když jsem se pokoušel klást otázky, poškrábal se na hlavě a řekl: „No, je to nějak tak..."

„Jak?" Zeptal jsem se.

„Právě tak," odpověděl.

Byl jsem zoufalý, že nic nevnímám a nechápu. Dokonce jsem byl několikrát v pokušení, abych ve večerních hodinách vyrazil k Hillelovi na lekci a dostal hotové a správné odpovědi na všechny otázky. Věděl jsem, že je dostanu...
Ale zároveň jsem si uvědomil, že to neudělám.

/ SYSTÉM RABAŠE /

Rabaš jako by se mě ptal se svou vnější suchostí: „Kde je v případě, že dostaneš hotové odpovědi, tvoje vnitřní odhalení? Tyto odpovědi tě nepodněcují ke zkoumání, nevytvářejí z tebe zkoumajícího, jenom tě naplňují. Takto si v sobě nevytváříš prázdnotu, abys odhalil Stvořitele. Kabalu rozumem neuchopíš a ani se o to nepokoušej.

‚Chápe pouze srdce!'"

Jak odlišné byly tyto dva systémy – Hillelův a Rabašův. A to nehledě na to, že oba byli žáky Ba'ala HaSulama.

Hillelův systém byl: „Všichni jsme schopni porozumět, poznat."

Rabašův systém: „My nic nevíme, nic nechápeme."

Rabaš tě ladil jen na vnímání, pociťování, vnitřní odhalení. Pokud není odhalení, jsou všechny tvoje znalosti k ničemu. Ale bylo to tak těžké – odcházet z lekce Rabaše naprosto prázdný… A současně vidět, jak ostatní vycházejí z lekce Hillela. Šťastní a povznesení nám říkali: „Co vám zde není jasné? Vždyť se to vysvětluje tak jednoduše…"

A také to vysvětlili!

Jednou, když Rabaš viděl, jak stojím ztracený a nechápu, co je lepší – radost či sklíčenost po lekci, přistoupil se ke mně a řekl: „Pokud se po lekci necítíš víc prázdný než před lekcí – není to lekce!

Musíš odcházet s pocitem, že nemáš vůbec nic. Musíš křičet: ‚Co mám dělat?' A to znamená, že se lekce zdařila!"

Naštěstí jsem Rabaše slyšel a včas jsem odhalil, kdo je vlastně přede mnou a že ho musím bez zaváhání následovat krok za krokem.

/ STAVY /

Je pozoruhodné, že ačkoliv jsem to plně chápal, stejně jsem nebyl chráněn před pochybnostmi.

Jestliže se rozhodneš a řekneš sám sobě: „Toto je můj život, toto je moje cesta, to je můj Učitel" – v tomto případě vyvstávají v tvém nitru otázky, vyvstávají právě tehdy, když jsi si tak jistý. „Je to opravdu tato cesta? A je to opravdu tento Učitel? Ano, i cíl je třeba prověřit…" A začneš s nimi bojovat, děláš spoustu chyb. Není možné je nedělat. Jsi stále ještě dítě.

Jednou, když jsem byl v takovém stavu, přistoupil jsem k Rabašovi a přímo mu řekl: „Je mi 34 let, mám v úmyslu věnovat celý svůj život kabale. Znepokojuje mne pouze jedna otázka: Jste vy ten Učitel, který mě dovede do Cíle?"

Myslel jsem si, že mě uklidní, že odpoví tak, abych pocítil, že se nemusím obávat, že od něho získám jistotu, sílu, bezpečí, ale dopadlo to úplně naopak.

Rabaš řekl: „Nevím. Musíš to cítit sám."

„Jak?" zeptal jsem se, skoro jsem křičel.

„Srdcem," odpověděl. „Jenom tak."

Všechny odkazoval na Stvořitele.

Nikdy a nikoho nepoutal na sebe.

/ RABAŠ MNE VEDE /

Uběhl týden a já jsem pocítil, že ke mně má Rabaš „vřelejší" vztah.

Přicházel jsem k němu do nemocnice každé ráno, strávil jsem s ním celý den. Připravoval jsem se na to, své každodenní záležitosti jsem všechny vyřešil tak, aby mě nic nerozptylovalo. Velmi jsem se snažil, aby mi neuniklo ani jedno slovo, které řekl. A to vyžadovalo hodně velké vypětí.

Být sám s kabalistou takové úrovně není snadné. Měl jsem stavy, kdy jsem náhle s překvapením zjistil, že nemám žádné otázky. Ale ve skutečnosti byly stále, vždyť jsem jich měl připraveno spoustu a myslel jsem si, že se rozhodně zeptám. A když jsem seděl před Rabašem, náhle jsem žádné neměl.

Rabaš mě jakoby „vypínal". Nebyl jsem schopen otevřít ústa, a on mi vůbec nevěnoval pozornost.

Jak často jsem pak cítil, že řídí celý můj život, že o mně všechno ví předem. A tak to také bylo.

/ DRŽET SE ZUBY NEHTY /

Právě v nemocnici se mezi námi vytvořil vztah, který se potom proměnil v opravdové, nerozlučné spojení.

Vzpomínám si, že jsem to jednou už nemohl vydržet a s bolestí jsem se ho zeptal: „Jak tomu porozumět, no jak?!" Procítěně jsem pokračoval: „Proč mě trápíte?!"

A on mi náhle tak jednoduše, tak jasně odpověděl. Cítil můj stav. Hovořili jsme o tom, co je napsáno v *Talmudu*: dva se drží za *Talit*[21] a jeden tvrdí: „Toto všechno je moje," a druhý odpovídá: „Ne, moje."

„Nu, o co se zde jedná?" zeptal jsem se ho. „Proč ti dva trhají *Talit*?!"

A najednou řekl: „*Talit* – to je člověk."

Vzpomínám si, že jsem ztuhl. Byl jsem ohromen. Převracelo to můj rozum naruby.

A on pokračoval: „Dva, kteří jej trhají, jsou dvě síly, jež drží člověka: zlý počátek[22] a dobrý, touha po sebepotěšení a touha dávat, odevzdat."

Bylo to tak jednoduché a zároveň tak hluboké.

„A člověk musí sám sebe vidět neutrálním, nacházejícím se mezi nimi," řekl Rabaš. „A být zodpovědný za to, který z těch dvou bude v jeho nitru hovořit. A teď se zeptej, co od tebe chce Stvořitel. To On na tebe působí ze dvou stran, On!"

Najednou jsem jasně pocítil, jaká neuvěřitelná hloubka v něm byla. A že se ho musím držet zuby nehty. A děkovat Stvořiteli za to, že mi v životě dal tuto šanci. Ta chvíle však rychle uplynula, doslova za pár minut. A opět je přede mnou „suchý" Rabaš, který otevírá „Učení deseti *Sfirot*" a začíná monotónně číst přímo z místa, na kterém se otevřela kniha. Bez jakéhokoliv vysvětlení, bez emocí, čte, nevěnuje pozornost tomu, že zase nic nechápu ani nic necítím, že jsem opět ztracený a prázdný.

---

[21] *Talit* (hebr. טלית) – speciální modlitební plášť obdélníkového tvaru, na jehož okraji se nacházejí třásně (*Cicit*). Pro jeho čtyři rohy se mu říká také *Arba Kanfot* (ארבע כנפות), dosl. čtyři křídla. *Talit* si na sebe věřící oblékají při ranní modlitbě (*Šacharit*), během čtení Tóry a na *Jom Kipur*. Je výrazem přijetí jařma Tóry a Jejich Přikázání.

[22] Zlý počátek neboli sklon ke zlu, hebr. *Jecer ha-Ra* (יצר הרע).

Dnes už chápu, že do mne viděl skrz naskrz. Věděl předem, že s ním zůstanu, že vyjma toho pro mě nemá nic jiného žádnou cenu, že nikam neuteču, věděl úplně všechno, co se mnou bude. A připravoval mě na tento budoucí život.

/ MOJE OBAVY /

Takto mě házel z bláta do louže. Chvilku jsem rozuměl, pak zase ne. Chvilku jsem to cítil, pak zase ne. Je veliký, musím za jeho velikost bojovat.

A v tomto neustálém boji jsem se zoceloval. A najednou jsem si uvědomil, že již jezdím do nemocnice měsíc a že Rabaše každou chvíli propustí.

Zhrozil jsem se. Co potom se mnou bude? Ne, nemůže to skončit! Naše společné noční lekce nemohu dát nikomu, nedokáži si představit, že mu nebudu vařit kávu, jak ji má rád, na jeruzalémský způsob, rovnou lžičku a vroucí vodu bez cukru, že už nebude to ticho, když spolu sedíme sami a on zavře oči, mlčí a přemýšlí a já doslova cítím, s Kým hovoří… A já se tak bojím ho vyrušit, že se nemohu ani maličko pohnout, bojím se i nadechnout…

A když začne číst svým vysokým hrdelním hlasem, toužím po tom, aby to trvalo věčně! A napadá mne myšlenka, jak je podobný mému dědečkovi! Jak je mi drahý! Tak, že bez něho nemůžu žít!

Moje sblížení s ním začalo právě touto „naší" nemocnicí. Píši „naší", píši, „my jsme tam leželi" – to proto, že jsme stále měli právě tento pocit. Já i on.

/ VŠECHNO TEPRVE ZAČÍNÁ /

Moje obavy byly zbytečné. Po návratu z nemocnice všechno teprve začalo. Začaly naše společné procházky v parku, výlety do lesa Ben Šemen, rozhovory, mlčení ve dvou – začal život.

Když ho propustili z nemocnice, byl velmi slabý. Nacpali do něho tolik antibiotik, že když jsme přijeli do lesa nebo do parku, snažil jsem se ho přivést blízko k lavičce.

Vystoupil z auta, udělal pár desítek kroků a řekl: „Musím si lehnout." Rychle jsem nachystal pěnovou matraci a on, zesláblý jako dítě, si ihned lehl a na hodinu a půl usnul.

A já jsem střežil jeho spánek. Kouřil jsem vpovzdálí a četl texty, které Rabašovi dávali ke kontrole. Byly to články Ba'ala HaSulama, které později vyšly v prvním svazku knihy „Plody moudrosti".[23]

---

[23] Sebrané články Ba'ala HaSulama.

Když Rabaš vstal, dal jsem mu z termosky horký čaj nebo kávu. Trochu poseděl, hovořili jsme, ale velmi málo, nechtěl jsem ho vysilovat, a pak začal pomalu kontrolovat texty.

/ TO, CO NAPSAL OTEC… /

Okamžitě bylo zřejmé, s jakou s úctou zachází s každým slovem svého otce, jak cítí cizí vměšování, jak okamžitě určí každý zásah editora.

Zde bylo změněno slovo, sem byla vložena věta, a toto nepsala ruka otce, takto by to on nikdy nemohl napsat. Již tehdy jsem viděl, že je mezi nimi nerozlučné vnitřní spojení.

Nejúžasnější bylo, že se nikdy nespletl.

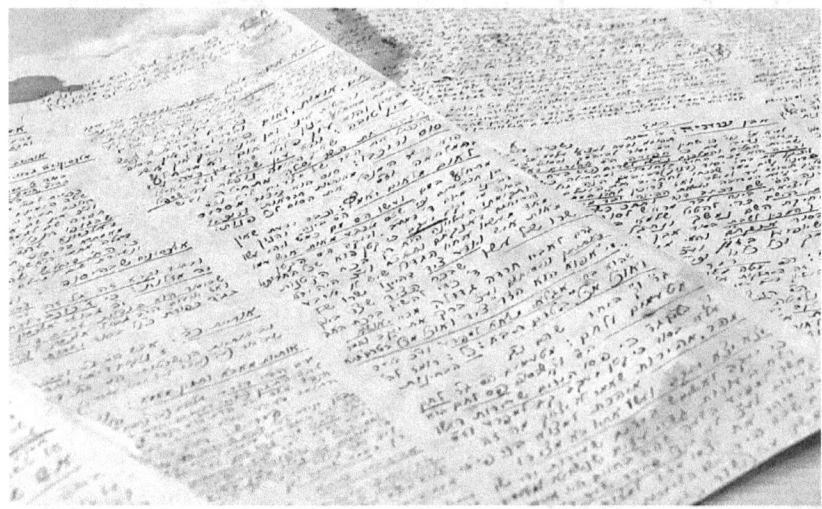

Řekl mi, že nelze opravovat to, co napsal kabalista. I když se zdá, že to není logické, že se jedná o gramatickou chybu, překlep, přeřeknutí – není možné jej opravovat! Nevíme, co je správné, a co ne.

Jsme tak malí, z hlediska vyšší pravdy není naše logika tak logická, takže je lepší nezasahovat, protože jakákoli oprava bude chybou. Kabalista přesně ví, co chce sdělit. Všechno, co napsal, je ověřeno a nepodléhá jakýmkoliv pochybnostem.

Takový měl Rabaš postoj k textům svého otce – Ba'ala HaSulama. Proto ve všech našich publikacích, ve všem, co bylo mnou a mými studenty publikováno, je zachována věrohodnost, pravost, vše je napsáno Rabašem a Ba'alem HaSulamem. To pro nás bylo zákonem.[24]

/ „ZEZADU I ZEPŘEDU MNE OBJÍMÁŠ" /

Vzpomínám si, jak jsme v lese Ben Šemen[25] četli článek Ba'ala HaSulama, který otevírá knihu „Plody moudrosti" – „Zezadu i zepředu mne objímáš".

Rabaš četl pomalu, byl stále ještě slabý, ale viděl jsem, jak se k němu přímo před mýma očima vracela síla.

Napřímil se, oči se mu rozzářily, již první řádky ho přiváděly zpátky k životu: „Zezadu i zepředu Ty mne objímáš..." Cítil to, byla to jeho neustálá modlitba.

„Vždyť v něm skutečně žilo ‚Jeho království vládne vším' a všechno se navrátí do svého kořene, neboť ‚není místa svobodného od Něho'..." – a to určovalo všechny jeho činy a myšlenky.

Proto v našem autě vedle *Šamati*[26] vždy ležely také Davidovy Žalmy.[27] A když bral do rukou knihu, sama od sebe se otevírala na stránce Žalmu 139. Tam, kde byl žalm, který se stal základem článku „Zezadu i zepředu mne objímáš".

Rabaš se na tyto ohmatané, setřené stránky skoro nedíval, uměl tuto modlitbu krále Davida srdcem. Protože byla i jeho modlitbou.

Pane, Ty jsi mě pochopil a poznal. Víš, kdy se posadím a kdy vstanu, mým myšlenkám zdáli rozumíš. Mou cestu i můj spánek Ty obklopuješ a přivykl jsi všem mým cestám... Neboť v mém jazyce ještě není slovo, jak jej znáš Ty, Pane. Zezadu i zepředu mne objímáš a položil jsi na mě svou ruku... Kam odejít z ducha Tvého

---

24 Například: Rukopisy Ba'ala HaSulama, ARI, Izrael 2009, Rukopisy Rabaše, ARI, Izrael 2008.
25 Uměle vytvořený les mezi městy Lod a Modiin.
26 *Šamati* (Slyšel jsem) – kniha sestavená z poznámek Rabaše, které si vedl po lekcích Ba'ala HaSulama.
27 Žalmy krále Davida (*Tehilim*). V nich král David, velký kabalista své doby, popisuje celou duchovní cestu nápravy přirozenosti člověka.

a kam od Tebe utéci? Pozvednu-li se do nebes – jsi tam Ty, ustelu-li si v podsvětí – hle, Ty! Vezmu-li si křídla ranního úsvitu, usadím-li se na kraji moře, i tam mě povede ruka Tvoje a pravá ruka Tvá mě podrží. Říkám: jenom tma mě skryje a noc zahalí mne místo světla! Ale před Tebou mě ani tma neskryje a noc jako den svítí...

/ PEVNÝ HARMONOGRAM /

Rabaš se svazoval se Stvořitelem jako pomocí provazů.

Hodinu před lekcí, ve dvě hodiny v noci, obvykle vycházel ze svého domu na ulici Chazon Iš 81.

Šel zvolna, pohroužený do svých myšlenek až k ulici Rabiho Akivy a zpět. Trochu zpíval, prováděl dechová cvičení a přemýšlel a přemýšlel. Ve dvě hodiny ráno to pro něho bylo příjemné a rád se takto připravoval na lekci.

Ve tři hodiny začala lekce. Obyčejně trvala od tří hodin do šesti. Od šesti do půl šesté – modlitba. Potom jsme spolu asi pět minut diskutovali o tom, co budeme dělat během dne, a pak jsme se rozešli na přestávku.

V devět hodin ráno už jsem přijížděl autem k jeho domu. Jeli jsme buď k moři, do parku, nebo k lékaři či na schůzku, kterou jsme měli s někým domluvenu.

V půl jedné jsme se vraceli zpět. Odjížděl jsem k sobě domů. Naobědval jsem se a od jedné do čtyř jsem pracoval. V pět hodin jsem byl opět zpátky u *Rebeho*; v této době začínaly odpolední lekce.

Od pěti do osmi probíhala večerní lekce: studovali jsme články Ba'ala HaSulama a „Učení deseti *Sfirot*", od osmi do půl deváté *Zohar*, od půl deváté byla večerní modlitba a ve tři čtvrtě na devět večer jsme odcházeli domů.

Třikrát týdně se konala večerní lekce, která se nazývala „lekce Šaula". Studovali jsme Ariho „Strom života". Tato lekce nemohla být za žádných okolností zrušena, a to ani v případě, že by byl přítomen pouze jeden člověk – samotný Šaul (obvykle se nás učilo 6–7). Šaula zajímal pouze „Strom života". Když jsme dočetli do poslední strany, Rabaš se ho tradičně zeptal: „Nu, co budeme studovat dál, Šaule?" Šaul odpověděl: „Začneme znovu." Rabaš klidně převrátil stránky a nevzrušeně začal zase od začátku…

Ve 20:45 končily všechny lekce. Pět minut poté, co *Rebe* odešel k sobě domů, již spal.

Měl velkou schopnost neztratit ani minutu. A šetřit síly. Když byl velmi unavený, na tři minuty zavřel oči a okamžitě usnul. Přesně za tři minuty jsem ho probudil. Vzbudil se čilý, jako by spal osm hodin, a řekl: „Ach, jak dobře jsem se vyspal!" A poté mohl učit další 2–3 hodiny.

Svůj harmonogram nikdy neměnil. Rozvrh dne byl jiný jen tehdy, když jsme byli v nemocnici nebo když jsme cestovali do města Tverja[28]. Ale to již bylo úplně jiné studium a jiné vztahy.

Chvíli mi trvalo, než jsem pochopil, proč vše bylo stanoveno tak pevně a na minutu přesně! Bylo třeba všechno splnit. Zpočátku jsem

---

[28] Tverja (Tiberias) je město na západním břehu Kineretského (Galilejského) jezera v Galileji na severovýchodě Izraele. Kineret je nejnižší sladkovodní jezero na Zemi.

všechno přisuzoval jeho povaze, jeruzalémskému zocelení ze staré školy. Až potom jsem si uvědomil, že v tom je hluboký smysl.

/ PÁDY /

Tímto způsobem se dostával z pádů. Předem je předvídal, připravoval se na ně jako stařec z podobenství, který hledá ztracené.[29]

Věděl, že každému vzestupu předchází propad. Věděl, že ti Shora nikdo nedá důležitost Cíle, ale naopak, úplně tě zbaví ducha života. Ještě více ti odkryjí vlastní přirozenost, nad kterou se budeš muset pozvedávat a proměnit „mrtvé" tělo na živé.

O tom je řečeno: „Udělej vše, co je v tvých silách." Vždyť čím výše se člověk nachází, tím více je zatíženo jeho srdce.

Rabaš to věděl: jediná věc, která mu pomáhala, byl jeho denní řád. Vstávat ve stejnou dobu, pak lekce, knihy, procházka, práce, kterou v každém případě musíš udělat. To se stalo jeho zvykem. Zvyk se stal druhou přirozeností a on díky tomu ožíval, i když se cítil úplně mrtvý – opíral se o režim.

Toto „oživování" se dělo před mýma očima. Často to přede mnou ani neskrýval. Chtěl, abych věděl, že to čeká i na mě, abych pochopil, jak si počínat, jak je možné se z takových stavů dostat.

Pamatuji si ho, jak tančil uprostřed místnosti s úsměvem, který ze sebe vymáčkl, jak chroptěl: „Teď je třeba se veselit!" a začal poskakovat jako dítě a zpívat „Lala, la-la!"... Věděl, že se z tohoto stavu musí dostat, protože za deset minut začne lekci.

Vzpomínám si také, jak ležel tváří ke zdi, i to se stávalo.

Ležel jako dítě, stočený do klubíčka, a mně krvácelo srdce, když jsem ho takto viděl. Ale pomoci jsem mu nemohl.

Ležel takto pět, deset minut, soustředil se fyzicky i vnitřně, visel mezi nebem a zemí. A když za pár minut vstal, byl jiným člověkem. Otevřel knihu a již vědomě se do ní pohroužil...

Pády takového kabalisty jsou obrovské a nastávají vždy před vzestupem. A on to věděl. A byl na ně vždy připraven.

---

[29] Babylonský Talmud. *Masechet Šabat*, část 23.

/ ŠAMATI – „SLYŠEL JSEM" /

Když jsem Rabaše vozil autem, často jsem se neudržel, a zavalil ho spoustou otázek.

A on odpovídal. Cítil jsem, že nechce, abych mlčel, že se mu otázky líbí. A tak jsem mu pokládal pronikavé otázky: o svobodné vůli, že pokud je Stvořitel jediný, tak proč jsem byl stvořen ze dvou sil a tak dále, a tak dále...

A pak, jednou, když jsem byl zkroušený bolestí, že ničemu nerozumím, nic necítím a že takto nemohu žít, mě přerušil. Právě jsme přijeli domů, když řekl: „Počkej, něco ti dám."

Odešel k sobě do bytu. Čekal jsem v autě. Vytáhl ošuntělý zápisník a podal mi ho. Na obálce bylo uvedeno Šamati – „Slyšel jsem". Řekl: „Přečti si, co jsem napsal."

Jen jsem se do toho zápisníku podíval, ihned jsem všechno pochopil. Jakmile jsem pohlédl na první větu – „Není nikoho jiného kromě

Něho" – pocítil jsem, jak mi buší srdce. Když jsem přečetl první odstavec, rozbušilo se ještě více.

Dál jsem nečetl. Uháněl jsem do obchodu, celý zápisník jsem zkopíroval a trochu jsem se uklidnil teprve tehdy, když jsem si uvědomil, že ho teď mám ve svých rukou.

Když jsem přijel domů do Rechovotu, zamkl jsem se v pokoji, nešel jsem do práce a začal číst:

> *Slyšel jsem v týdnu Jitro, 12. den měsíce Š'vat v roce Tav-Šin-Dalet (6. února 1944).*

Četl jsem a najednou jsem pochopil, že to byl sám Rabaš, který slyšel, co říkal Ba'al HaSulam. A já nyní tyto zápisky držím ve svých rukou!

Již toto pochopení samo o sobě mě přivedlo k vnitřnímu chvění. To však nebylo nic proti tomu, co se stalo dále, když jsem začal číst:

> *Je řečeno: "Není nikoho jiného kromě Něho," což znamená, že na světě není žádná jiná síla, která by mohla něco učinit proti Stvořiteli.*

Byl to takový pocit, že jsou mi odhalována tajemství, jež byla přede všemi skryta po staletí, že jsem celý život hledal právě toto, že zrovna toto je odhalení Stvořitele člověku v tomto světě...
Pokračoval jsem ve čtení:

A příčina toho, že člověk vidí, že na světě existují věci a síly, které popírají existenci Vyšších sil, tkví v tom, že takové je přání Stvořitele...

To přímo obracelo mozek naruby. Znamená to, že Stvořitel člověka mate?

A to je metoda nápravy nazvaná „levá ruka odstrkuje a pravá přibližuje", a to, že levá ruka odstrkuje, je součástí nápravy. To znamená, že na světě existují věci, které od samého počátku přicházejí s úmyslem srazit člověka z přímé cesty a odvrhnout ho od Svatosti...

To vše pro mě bylo odhalením. Průlomem do nového, mně zcela neznámého stavu. Byla to bitva se sebou samým. Nikdy jsem od Rabaše ani od Hillela nic takového neslyšel. Jak to *Rebe* mohl přede všemi skrývat?!

/ „NEMAJÍ LEVOU LINII" /

Četl jsem celý den a téměř celou noc, přijel jsem na ranní lekci s „vyvalenýma očima", vzrušený.

Rabaš okamžitě pochopil, o co jde, ale nic neřekl. Předal jsem mu zápisník, přiznal jsem se, že jsem ho zkopíroval. On na to nic neodpověděl, nic neřekl. Pochopil jsem, že jsem se zachoval správně, že s tím souhlasí.

Ale proč jej dal právě mně? Brzy mi to bylo jasné.

O pár dní později jsme se chystali jet k moři, seděl jsem v učebně, čekal jsem na Rabaše a četl *Šamati*.

Již jsem se od těchto zápisků nedokázal odtrhnout. Veškerý volný čas jsem využíval k tomu, abych se do nich pohroužil. Když jsem četl, nic jsem neviděl ani neslyšel – tak silně na mě zápisky působily. Protože jsem okamžitě pocítil, že všechno bylo napsáno o mně, ztotožnil jsem se s každým slovem, s každým napsaným řádkem.

Jak jsem čekal na *Rebeho* a četl, nevšiml jsem si, že ke mně přistoupil Hillel. Za mými zády se podíval, co čtu. Poznal rukopis Rabaše, přelétl očima pár řádků a strnul.

Otočil jsem se, až když jsem uslyšel jeho hlas. Zavolal Menachema, nejstaršího žáka Rabaše, který se s ním učil ještě u Ba'ala HaSulama, a ukázal na zápisník v mých rukou.

Mluvili v jidiš. Hillel řekl: „Viděl jsi někdy tyto zápisky?"

„Ne, ale tohle je rukopis Rabaše," odpověděl Menachem.

„No právě," řekl Hillel a zeptal se mě: „Kde jsi tu knihu vzal?"

Naivně jsem odpověděl: „Dal mi ji *Rebe*."

„Ukaž, ukaž!" Hillel si ode mě vzal zápisník, začali v něm spolu listovat a vyměňovali si v jidiš rychlé poznámky.

Nerozuměl jsem, o čem hovoří…

Byli velmi vzrušeni. Hillel se dokonce změnil v obličeji, jeho pohyby se staly nervózními…

A najednou jsem si koutkem oka všiml, že Rabaš rychle sestupuje dolů po schodech. Ihned k nám zamířil. A okamžitě a mlčky vzal zápisník z rukou Hillela, uchopil mne pod paží a vedl mě na ulici. Jakmile jsme vyšli ven, obrátil se ke mně a příkře se zeptal: „Proč jim to ukazuješ?! Kdo se tě prosil, abys jim to ukazoval?!"

A takto hovořil o žácích, kteří se s ním učili ještě u Ba'ala HaSulama!

Rozpačitě jsem opověděl: „Hillel si ho vzal sám. Viděl Váš rukopis a vzal si ho."

„Zapamatuj si, že jsem ho dal jen tobě," řekl Rabaš pevně. „A to znamená – uchovávej ho u sebe, skrývej ho a nikomu ho neukazuj!"

„Nevěděl jsem to," říkám.

A náhle mne zachvátila taková pýcha! Aby ne, vždyť ho dal jenom mně! Ne jim, ale mně!

Stejně mě však trápila zvědavost. Neovládl jsem se a zeptal se: „Proč jim ho nesmím ukazovat?"

„Protože nemají levou linii," řekl Rabaš. „Tyto články tudíž nejsou pro ně."

A znovu jsem byl vzrušen jeho odpovědí, protože jsem logicky pochopil, že jsou tyto zápisky určeny žákům, jako jsem já, a proto je Rabaš předal právě mně. A to znamená, že je i Ba'al HaSulam napsal pro takové, jako jsem já...

Co je v nás jiného?! Ve mně?! Co to je?

/ ONI NEUSLYŠÍ! /

Uplynulo několik měsíců, než jsem si uvědomil, co znamená, že „nemají levou linii", jak řekl Rabaš. Pochopil jsem, proč tyto články ukázal právě mně, jenž ničemu nevěří, má spoustu otázek a je neustále nespokojen se sebou samým i se Stvořitelem.

Najednou se mi rozkryly s mimořádnou jasností (dříve jsem to neviděl) řádky z prvního článku „Není nikoho jiného kromě Něho":

> *...a nedovolí mu se spokojit s málem a zůstat na stupni malého nerozumného dítěte, aby nemohl říci, že díky Bohu má Tóru a Přikázání a dobré skutky – tak co jiného mu ještě schází?*
>
> *Pouze tehdy, má-li člověk skutečně opravdovou touhu, obdrží pomoc Shora a vždy mu je ukazováno, nakolik je v současném stavu špatný – to znamená, že jsou mu posílány myšlenky a úvahy namířené proti duchovní práci. A to všechno proto, aby viděl, že není v plné jednotě se Stvořitelem.*

Četl jsem a s každou řádkou, s každým slovem jsem odkrýval výšku Rabaše, který – jediný! – zapisoval to, co „slyšel" od Ba'ala HaSulama. A nikdo kromě něho to neudělal! Jakou vnitřní duchovní sílu musel mít, aby procítil všechno, co slyšel od otce, zapamatoval si to (vždyť on nedovolil, aby bylo během lekce něco zaznamenáváno) a potom odešel a slovo od slova vše zapsal do zápisníku?! A stávalo se, že nestačilo napsat desítku či stovku slov, nýbrž tisíc!

A o tom, že si vše opravdu slovo od slova zapamatoval, nemám ani nejmenší pochybnosti. Protože si byli blízcí nejen jako otec a syn, ale také jako dva stupně duchovního žebříku – jeden předával druhému to, co z ostatních žáků nikdo neslyšel. Ani nemohl slyšet. Protože neměli, jak říká Rabaš, levou linii – neměli žádné pochybnosti. Jelikož na otázku: „Cítím-li lásku ke Stvořiteli, nebo ne?" bez pochybností odpověděli: „Ano, samozřejmě, že ano!"

Rabaš o nich říkal, že na 100 % milují jenom sami sebe, a přesto hovoří o lásce ke Stvořiteli. A tím pádem nemají co napravovat. Nemají žádnou levou linii. K nim Ba'al HaSulam nehovořil a „Slyšel jsem" nebylo pro ně. Oni neuslyší.

/ MODLITBA /

„A pokud není levá linie, pak se nejedná o skutečnou modlitbu," řekl Rabaš. „Střední linie nevzniká na základě prostého součtu levé a pravé. Je zde zapotřebí působení Vyššího světla, jež přichází jako odpověď na modlitbu."

Ukazuje se, že v *Šamati* je každý článek modlitbou. Proto měl Rabaš svůj modrý zápisník stále u sebe. Byl s námi na všech cestách. Vždy ležel na stolku u jeho postele. A tak často jsem viděl, jak ho zvedá, otevírá a tam, kde se otevřel, přečetl pár řádků a strnul, jako by naslouchal.

Byl jeho součástí. Jeho srdcem, jeho duší. Byl jeho nerozlučným spojením s otcem, tudíž i s celým řetězcem velkých kabalistů.

A z toho důvodu, když mi ho v pozdní večer roku 1991 v nemocnici podal se slovy: „Vezmi si ho a uč se z něho," ihned jsem si uvědomil, že se blíží něco strašného.

Rozloučil se s ním, předal mi ho a odešel.

/ ZÁZRAČNÁ KNIHA /

Přeskočím několik let a dokončím příběh o *Šamati*. Rabaš zemřel, zápisník zůstal u mne a mne zachvátil strach – je vůbec možné, aby tento drahocenný poklad, tak důležitý pro svět, zůstal utajen?!

Trápil jsem se pochybnostmi, dokud jsem se nerozhodl, že ho nemohu skrývat – svět se musí začít měnit!

Rabaš si velmi přál, aby byla věda kabala odhalena světu, aby ji lidé začali studovat podle článků Ba'ala HaSulama. Rozhodl jsem se a nechal jsem jej vytisknout, aniž bych změnil jediné písmeno.

Tyto články jsou Světlem bez *Kli*[30]. Jsou to odhalení a porozumění, která učinil Ba'al HaSulam, a čtenář tyto články pokaždé vidí novým způsobem, jinak.

Člověku se pokaždé zdá, že to není článek, který četl předtím. Každý článek člověka probouzí, mění ho, náhle v něm odkrývá nové

---

[30] *Kli* (כלי, dosl. nádoba) – jsou to napravené touhy, které jsou vhodné pro přijímání Světla, to znamená, že mají clonu (sílu odporovat egoismu), jež transformuje egoismus na altruismus.

vrstvy a on začíná cítit a přemýšlet novým způsobem – jak v mysli, tak i v srdci. Stává se naprosto jiným člověkem. Tato zázračná kniha přitahuje Vyšší světlo, které mění člověka. Kniha ho mění. Vytváří duši pro odhalení duchovního, ve kterém člověk začíná vnímat Vyšší realitu.

/ TOTO VŠE JE O MNĚ /

Tak jsem se, stejně jako Rabaš, k této knize přimkl jako ke zdroji života. A právě tak jsem ji vnímal – jako zdroj života!

Počítal jsem každou minutu, kdy se k ní mohu vrátit. Pochopil jsem, že pouze ona mě připravuje na spánek a na ranní lekci. Ve dvě hodiny jsem se probudil, nahmatal ji na nočním stolku, přelétl jsem očima několik řádků, teprve poté jsem vstával a vykonával všechny ranní záležitosti a ona již ve mně žila, znepokojovala, vyvolávala otázky, ale také tvrdila: „Není nikoho jiného kromě Něho..." – s tím jsem ji začínal číst.

V kuchyni jsem si zapálil cigaretu, udělal si kávu. Hodinu před ranní lekcí – to byl čas *Šamati*.

A četl jsem:

> Existují tři podmínky pro modlitbu:
> 1. Věřit tomu, že Stvořitel může člověka spasit, přestože má nejhorší vlastnosti, návyky a poměry v porovnání s kýmkoli ve své generaci...
> 2. Všechno, co mohl učinit, učinil, a spása stejně nepřišla.
> 3. Pokud ho Stvořitel nespasí, je lepší smrt než takový život.[31]

Za oknem je noc. V domě je ticho. Je slyšet jen tikání hodin. Šeptal jsem slova ze *Šamati* a cítil jsem, jak do mne pronikají:

> Modlitba pochází z pocitu ztráty v srdci. Čím větší je pocit nedostatku žádaného, tím silnější je jeho modlitba. Vždyť se ten, kdo touží po nadbytku, liší od toho, kdo je odsouzen k smrti, čeká na popravu a je již spoután řetězy a jehož každý okamžik je modlitbou ke spáse. A neusne a nezdřímne si, ale neustále se modlí za spásu své duše.

Kolik bylo v těchto řádcích síly! Kolik bolesti a touhy?! Tolik jsem si přál, aby se tato modlitba za spásu stala i mojí modlitbou!

Vzpomínám si, že poté, co jsem se přestěhoval do Bnei Braku, šel Rabaš ráno po ulici a viděl v mém okně světlo. Počkal, než jsem vyšel z domu, vzal mě pod paží a zeptal se: „Proč vstáváš tak brzy?"

„Připravuji se na lekci, čtu *Šamati*," odpověděl jsem.

Vzpomínám si, jak se na mě podíval. Pamatuji si, jak jsme mlčky procházeli nočním Bnei Brakem a jak mi stiskl ruku, jako by se mnou uzavíral spojenectví.

Nikdy na to nezapomenu, jeho požehnání cítím dodnes.

Od té chvíle byla mezi námi odstraněna další bariéra. Sblížilo nás *Šamati*.

Rabaš pocítil, že jsou tyto jeho poznámky pro mě stejně důležité jako pro něho, že na nich stavím veškerou svou práci, že nepotřebuji jiný život, ale pouze tento vedle něho...

A začal se ke mně chovat nejen jako k žáku, ale také jako k příteli, jako k synovi. Několikrát mi řekl: „My dva jsme spolu spojeni. Dva už je hodně, už jsme skupina."

---

[31] *Šamati* (Slyšel jsem), článek 209, „Tři podmínky pro modlitbu".

A s každým rokem jsem se dozvídal více o tom, jak o mně Rabaš přemýšlel...

/ CO SE O SOBĚ DOZVÍM /

Jednou, před několika lety jsme s mým studentem Doronem Goldinem přijeli na *Šiv'u*[32] k mému blízkému příteli Jeremimu Langfordovi, se kterým jsme se společně učili u Rabaše. Byla to *Šiv'a* u příležitosti smrti jeho ženy Jael, kterou jsem velmi dobře znal. Setkal jsem se tam se Šimonem Itachem – bratrem Jael. Byl v naší skupině nejspíš nejmladší, tehdy pouze 20letý chlapec.

Jak jsme seděli a rozmlouvali, najednou Itach řekl: „Víš, že si pamatuji jednu příhodu, kterou jsem ti ještě nevyprávěl? Nějak jste se s Rabašem nepohodli a ty jsi s ním nejel k moři."

„Ano, opravdu bylo v životě pár takových případů," říkám.

„Tak jsem jel místo tebe," pokračoval Itach. „A pamatuji si, že jsme předtím, než jsme vstoupili do vody, stáli s Rabašem na břehu moře a já jsem se ho zeptal: ‚*Rebe*, proč potřebujete Michaela? Nechte ho být. Proč jste vždy jenom s ním?' A víš, co mi řekl? Odpověděl: ‚Protože Michael má zvláštní duši. Protože se v něm nachází velmi silný bod pravdy. Proto s ním pracuji.'"

Seděl jsem tiše a nevěděl, co říci. Najednou jsem cítil, jako bych seděl naproti Rabašovi, jako by byl tady přede mnou a já se jako vždy snažil zachytit každé jeho slovo. A chápu, že Rabaš nemluvil o jakési mé velké duši, ne, ale o tom, že mne celou tu dobu zevnitř spalovala touha odhalit Pravdu, bolest, že jsem ji ještě neodhalil. A všechno, co se ode mne vyžadovalo – dokonale jsem to chápal – bylo to, abych se tohoto velkého kabalisty držel srdcem, výhradně srdcem! A děkoval osudu, Stvořiteli, za to, že mi dal tento šťastný osud, toto velké štěstí být blízko Rabaše. A nikdy to nepřestanu opakovat.

---

[32] *Šiv'a* (שבעה, dosl. sedm) je smuteční obřad trvající sedm dní. Účastní se jí nejbližší příbuzní zesnulého: otec, matka, bratr, sestra, syn, dcera, manželka, manžel.

/ JSME SKUPINA /

Skutečnost, že jsem byl neustále vedle Rabaše, samozřejmě musela mít vliv na vztahy s ostatními žáky. Nebylo to pro ně snadné přijmout. Hovořil jsem o tom s Učitelem, ale on na to měl svůj vlastní názor. Odpověděl mi lakonicky: „Ty musíš být vedle mne."

A nyní nadchází *Pesach*, jenž byl pro něho nekompromisním svátkem, který vždy trávil sám, nikoho k sobě nepouštěl a všichni to věděli.

A najednou mě vzal s sebou na volné prostranství, kde pálil kvas.[33] (Tak to bylo i po všechny další roky. Někdy se k nám připojil jeho syn Hezkel, ale častěji jsme byli sami dva).

Oheň hoří. Stojím vedle něho strnulý. Je to pro mě veliká čest.

S jakým vnitřním soustředěním dělá každý pohyb! Tato „prostá" činnost – spalování kvasu, která je pro většinu pouze vnější, pro něho představovala spalování veškerého jeho ega, veškerého života, který nesměřoval ke Stvořiteli. A sám *Pesach* je odpojením se od země, odchodem do Vyšší dimenze na další duchovní úroveň, na kterou se člověk pozvedává a kterou si osvojuje na základě velkého boje se sebou samým.

Mlčím, bojím se ho vyrušit, ani nedýchám. Ale trápí mě stále stejná otázka. A ptám se ho, hned jak skončí. Nemohu se udržet: „Nu, kdy již toho dosáhnu v praxi?! Kdy se stane, že nespálím jen kousek chleba, a budu se moci zbavit tohoto svého nepřítele, hrdosti, pýchy, ega?! Kdy?"

A Rabaš na toto mé volání duše neodpovídá. Dívá se na mě téměř posměšně a to ve mně vyvolává vlnu pobouření! Já tu skoro pláču, upřímně, z hloubi svého srdce k němu volám, a on...

Během krátké doby však pochopím, že měl jako vždy pravdu. Pochopím, že v tuto chvíli přemýšlí právě o mně. A chce, aby se tento můj výkřik stal modlitbou.

---

[33] Po úklidu bylo zvykem spálit kvas. „Pálení kvasu" symbolizuje rozhodnutí člověka se zcela zbavit svého egoismu a odhalit Vyšší svět. Člověk „spaluje" své egoistické touhy a proměňuje je v prach, aby se v něm znovu neprobudily.

/ *PESACH* PODLE RABAŠE /

A potom mě Rabaš pozval na oběd. A já jsem na vlastní oči viděl, co je *Pesach* podle Ba'ala HaSulama a Rabaše – bylo to něco, co nepodléhalo logice. Hrnce, talíře, sklenice, lžíce, vidličky – vše bylo nové, vše se použilo pouze jednou, pak se nádobí odkládalo stranou a mylo se až po *Pesachu*. Byly vyměněny kohoutky, mlýnky na maso, všechny předměty ze železa.

Jídlo bylo velmi jednoduché a omezené. Sůl byla přivezena z Mrtvého moře přesně z místa, ze kterého byla přivážena Ba'alu HaSulamovi. A žádný plast, který již se tehdy běžně používal.

Během *Pesachu* byl Rabaš „nedotknutelný". Vytvořil kolem sebe zakázanou zónu, jakoby minové pole, přes které nemohl nikdo projít. Seděl jsem naproti a bál jsem se udělat jediný nesprávný pohyb. Rabaš jedl opatrně jako pták, držel ruce nad stolem a sotva se vidličkou dotýkal jídla. Taková byla atmosféra v místnosti.

Není divu, že mi nedaly pokoje myšlenky: „Je toto vnější plnění svátku opravdu tak důležité? Proč do toho všeho investovat tolik úsilí a peněz? A ta nejdůležitější myšlenka – k čemu je to kabalistovi, který přehlíží vše vnější?..."

Byl jsem mladý, sobecký, všechno ve mně vyvolávalo vnitřní odpor. Přesvědčila mne však konkrétní odpověď, kterou jsem obdržel: když vykonáváš všechny tyto činy, cítíš, nakolik jsou v rozporu s tvým egoismem. To jsem pocítil opravdu silně! A *Pesach* ztělesňuje pozvednutí nad egoismem, je to začátek duchovního vzestupu. Když v každé své činnosti vykonáš jednu jednoduchou operaci: odděluješ od sebe egoismus, odtrháváš ho i s masem.

Opět, jako již mnohokrát, jsem si uvědomil, že musím Rabaše následovat ve všem a stejně jako on nad veškerou pozemskou logikou neustále vykonávat tyto nelogické činy a pokoušet se na ně klást duchovní záměr.

/ ZRNKO KÁVY /

V tomto rozhodnutí se udržíš určitou dobu, očišťuješ se myšlenkami na to, že všechno v našem světě jsou větve duchovních kořenů, ty se ovšem již vztahují k egoistické touze. Proto je třeba je během *Pesachu* kompletně odseknout... A „odsekáváš" je tak, že sedíš a třídíš kávová zrnka. Kávu jsme koupili zelenou, nejdříve jsme ji roztřídili, prohlédli jsme ji, aby tam nebyla žádná vadná zrnka ani brouci, pak jsme ji opražili, umleli a poté zužitkovali.

Takže ta zrnka třídíš a třídíš... a najednou si uvědomíš, že už nemůžeš.

Vzpomínám si, že jsem se během tohoto třídění „zhroutil". Opřel jsem se o opěradlo židle, díval jsem se s nenávistí na horu nezkontrolovaných zrnek, kouřil jednu cigaretu za druhou a myslel si: „No, tohle je teda nesmysl, pořádný nesmysl!"

A tu ke mně přistoupil Rabaš, posadil se proti mně, vzal si do ruky jedno zrnko, zvedl ho do úrovně očí a řekl: „Sedím a kontroluji zrnka, tato malá kávová zrnka. A prohlížím je velmi pečlivě, opravdu velmi... Chci, aby byla čistá a dobrá, aby moji druzi mohli vypít kávu, která se z nich uvaří," odložil zrnko stranou, vzal si další. „A toto zrnko kontroluji pro svého učitele," řekl a podíval se na mě. „Můj učitel má kávu velmi rád. Dělám to pro něho."

Bylo to velmi těžké učení, velmi tvrdé! Co jsem pocítil? Hanbu. Všechno uvnitř mě hořelo! A Rabaš vstal a odešel.

Vrátil jsem se k přebírání. Rabašova slova ve mně stále zněla, každé jeho slovo. Trvalo to však jenom několik minut.

Otřes ustoupil a já jsem se zase nemohl přinutit pokračovat!

Pocítil jsem nadpozemské překážky.

Kdyby mi řekli dříve, když jsem poprvé přijel do země: „Přebírej kávu a dostaneš za to peníze," souhlasil bych a dělal bych to správně a dobře.

A tady – abych posloužil Učiteli, kterého považuji za velikého, největšího!... Sedím a nemohu se pohnout z místa.

Ale chápu, že tady se již zapojují nadpozemské překážky.

/ JAK TĚŽKO MI BYLO! /

Být blízko kabalisty je velmi obtížné.

Být žákem, asistentem, učit se od něho a starat se o něho... bylo to někdy nesnesitelně těžké.

Jsi stále vedle něho, vidíš ho ve všech projevech, v nichž pozemský obraz zakrývá jeho velikost, a tobě se zdá, že je to obyčejný člověk se svými potřebami, slabostmi a návyky jako všichni ostatní.

A prostě tě ubíjí, nedá ti pokoje myšlenka – čím se liší od ostatních? Vzpomínám si, kolik úsilí jsem musel vynaložit, abych to vydržel a pochopil, že mám před sebou největšího kabalistu, „posledního z Mohykánů", že takoví již více nebudou.

Rabaš byl v celém svém materiálním životě neuvěřitelně prostý a otevřený.

Lidem, kteří byli v jeho blízkosti, neposkytoval ani nejmenší příležitost, aby mu prokazovali úctu. Nehrál si na *Admora*[34], který by měl k sobě přitahovat a vést za sebou velkou společnost, neboť společnost takové lidi musí oceňovat a vážit si jich, líbat jim ruce, nazývat je velkými *Ravy* (Učiteli).

Rabaš to nenáviděl. Choval se právě naopak.

---

[34] *ADMOR* (אדמו״ר) je titul duchovního vůdce Chasidů. Zkratka slov **Ad**onenu, **M**orenu ve-**R**abenu (אדוננו מורנו ורבנו): náš pán, učitel a rádce (rabi).

/ „NICOTNOST" KABALISTY /

Rabaš jako kabalista cítil svou vlastní nicotnost: „Co já jsem zač, copak je na mně něco zvláštního?" – toto ukazoval druhým.

Posuzoval sám sebe vzhledem ke Stvořiteli, takže jeho vlastní pocit byl: „Já nejsem nic, jen prach a popel." A to předával každému, kdo se nacházel v jeho blízkosti.

Dělal to mimoděk. Tuto vnější prostotu nevytvářel záměrně. Opravdu se takto cítil. Ve stálém kontaktu s mocnou vládnoucí silou (nazýval ji „stát naproti Stvořiteli") odhaloval dokonalost a věčnost. A v tomto srovnání se nemohl cítit jinak než nicotně.

Když jsem se ho na to zeptal, řekl: „Teď si představ, jak pro mne bylo těžké být se svým otcem...

Vždyť to byl otec. Ty zde máš alespoň někoho cizího. S cizincem se můžeš pokusit navázat zvláštní vztah, ale otec je otec.

Cítíš, že tě miluje, a tato absolutní láska otce k synovi ti odnímá poslední možnost něco udělat. Vždyť můžeš nedělat nic – a stejně tě miluje. Tímtéž tě zbavuje povinnosti s ním jednat zvláštním způsobem."

/ BERE MI SÍLU /

Rabaš mě neustále shazoval z rukou. „Bral" mi sílu zvláštním způsobem, tím, jak se mnou zacházel. Na jedné straně mě k sobě přiblížil, jako Vyšší přibližuje nižšího, začal se o mě starat jako o nemluvně, vychovával mne, na druhou stranu mě vedl přes stavy, které se mi zdály kruté.

Nerozuměl jsem tomu, vnitřně jsem se proti němu bouřil, ale on se na mě jenom díval a řekl: „Chápu, že všechna tvoje neštěstí v životě vznikají kvůli mně."

Jak mi potom vyprávěla *Rabanit* Feiga,[35] řekl jí, že o mně předem všechno věděl, věděl, že se neuspokojím, dokud kabalu z naší studijní místnosti nerozšířím do světa.

On si to přál. Vychoval mne k tomu.

Proto mne také učil chodit a nedovolil mi, abych používal jeho sílu, jeho velikost. Jak stále ukazoval svou malost, dokonce vyvolával pohrdání. A to všechno jen proto, aby mě nasměroval ke Stvořiteli. Abych požadoval sílu od Něho.

---

[35] *Rabanit* – tak nazývají manželku *Rava* (rabína). Feiga Ašlagová – povoláním lékařka, která několik let pečovala o ochrnutou manželku Rabaše. Byla jeho oddanou žačkou. Později se stala druhou manželkou Rabaše.

/ PROČ JSI NEPROSIL?! /

Pamatuji si, jak jsme spolu byli v lese Ben Šemen a já jsem byl na něco velmi naštvaný, ano, vlastně na všechno na světě! A nezdržel jsem se a začal jsem mluvit o tom, jak je všechno kolem dokola špatné a jak jsou všichni špatní a já že se nepozvedávám a všechny síly jsou vynakládány zbytečně...

Rabaš mne nepřerušoval, díval se na mě, poslouchal, a když jsem se zastavil, náhle řekl: „A proč jsi neprosil?"

Doslova mne omráčil. Najednou jsem pochopil, že jsem plný tohoto hněvu, a neprosil jsem, nýbrž jsem požadoval, aby se změnilo všechno kolem mě. Všechno, jenom ne já.

„Proč jsi neprosil?" Pro něho to byla naprosto přirozená otázka.

Proč člověk neprosí o nápravu? Aby se neměnili všichni kolem, ale on sám? Jeho egoismus, který ho ničí? Křičí, pohoršuje se... a neprosí.

A nechápe, že právě o to jde. Jde o to, abys pocítil, že nepřítel je v tobě a ty musíš bojovat jenom s ním. A zároveň si musíš uvědomit, že „Není nikoho jiného kromě Něho" a že účinná je pouze prosba ke Stvořiteli. Prosba však musí vycházet ze srdce, a nikoliv z napsané modlitby naučené z knížky, nýbrž ze zlomeného srdce.

Viděl jsem, jak to dělal Rabaš. Dělal to tak po celou dobu.

/ RABAŠ A KOCK /

Z toho důvodu jsem ani maličko nepochyboval o tom, že byl Rabaš upřímný, když říkal, že kdyby se narodil dříve, odjel by do Kocku k rabínu Menachu Mendelovi.[36]

Tato kabalistická skupina by mu vyhovovala. Odpovídala jeho pevnému charakteru, obrovskému srdci, obrovské cloně. Začlenil by se do této skupiny jako nikdo jiný. Jelikož žil jen ve jménu Cíle, sám sebe měřil pouze ve vztahu k Němu.

Kock byl pro něho vhodný. Tvrdá kabalistická skupina, ve které se shromáždili ti, kteří chtěli „odhalit Stvořitele útokem". Žili o hladu

---

[36] Kock (polský Kock) je město v Polsku, které je součástí lublinského vojvodství. Ve městě působila od roku 1829 slavná chasidská kabalistická skupina, vedená rabínem Menachem Mendelem z Kocku.

v komunitě. Každý den prožívali jako poslední. Vzájemně se k sobě chovali přísně, záměrně projevovali jakoby svou lehkovážnost, pohrdání duchovním, aby měli příležitost k větší práci. Takové hledal – tvrdé a odvážné.

Rabašovi vyhovovalo i prohlášení jejich učitele rabína Menachema Mendela: „Není nic více celistvého než zlomené srdce, není pronikavějšího křiku než mlčení."

Tak chtěl žít i Rabaš a tak také žil.

/ TICHO /

Ale stávalo se, že přicházelo ticho…

Rabaš náhle vypnul.

Díval jsem se na něho ze strany a nechápal jsem, jak je takové „vypnutí" možné? Před chvílí běhal, útočil, nelitoval se – a najednou ticho. Náhle není nikým a ničím. Skončila určitá doba vývoje a on ustrnul. Nechtěl ani nic číst, ani slyšet, ani vidět, nic… Mohlo to trvat několik hodin.

Vzpomínám si, jak jsem jednou přijel k Rabašovi a vidím, že sedí celý strnulý obkročmo na židli, zády ke slunci. Dokonce jsem se vylekal a opatrně jsem k němu přistoupil. Zvedl ke mně oči a řekl: „Nu, vezmi si židli." Vzal jsem si židli. „Posaď se," posadil jsem se jako on. „Posedíme," řekl.

Seděli jsme. Deset minut, patnáct. On mlčel, já jsem mlčel. Přemýšlel jsem: „Co bude dál?" Ale na nic jsem se neptal.

Pomáhalo nám, že jsme kouřili. Zapálil jsem si cigaretu – a už jsem všechno vnímal trochu jinak. Hrál jsem si s cigaretou, vdechoval a vydechoval. Seděli jsme, kouřili a mlčeli, možná hodinu.

Uvědomil jsem si, že v takových stavech je důležité počkat, schovat se.

Sledoval jsem, jak to dělá Rabaš. Vždyť se tady nejedná o tělo ani o člověka, nýbrž o touhu. Musí být odpracována v celé své hloubce a do své plné výše. A pak dosáhneš stavu, kdy se nacházíš na úrovni neživé hmoty, splyneš se zemí, s kameny, jsi rozložený, prázdný. Přečkáváš schovaný... Dokud se neprodere nové přání jako klíček z kamene. A ty znovu můžeš dýchat, vstát a pokračovat v útoku na Stvořitele.

Tak jsme kouřili a zapalovali si jednu cigaretu od druhé. A pak natáhl ruku k nočnímu stolku, vytáhl modrý zápisník, náhodně jej otevřel a přečetl: „Člověk nemá právo se od této práce osvobodit, nýbrž je povinen dosáhnout takové osobní potřeby a touhy po *Lišma*[37], aby se mohla stát modlitbou, neboť bez modlitby toho není možné dosáhnout."

/ PŘED PRŮLOMEM /

A nyní budu vyprávět nejspíše o hlavní události v životě Rabaše.

Byl jsem s ním již asi dva roky. Najednou jsem jasně pocítil, že je smutný. Naše skupina byla malá, šest starých mužů a několik mladých... Jako bychom se vařili ve vlastní šťávě. Potřebovali jsme příliv nové krve. Ale nikdo nepřicházel.

Několikrát mi řekl, že Ba'al HaSulam byl připraven hovořit i s kameny, jen aby ho někdo poslouchal. A tak uplynuly celé roky, Rabaš

---

[37] „*Lišma* je záměr pro Stvořitele..." – *Šamati* (Slyšel jsem), článek 20, „*Lišma*".

však pokračoval v jeho práci, tak co?! Stejných šest starších žáků a k nim navíc několik nás, mladých. A to je vše. Opravdu to tak bude i nadále?

Kabalistovi není dáno, aby přesně určil, kdy se přijdou učit masy, nejen starci, ale i mládež. Kabalista určuje tendenci. Ví jistě, že to tak bude, že se kabala určitě odhalí světu, ale – kdy?... Možná, že za dlouho, možná se to vůbec nestane během jeho života...

Zejména v tomto období jsem se snažil, abych ho nenechal samotného, protože jsem cítil, že mne potřebuje. Nejednou mi dával najevo: „Pro mne je důležité vědět, že jsi blízko." Často jsem během velkých shromáždění, svátků nebo svateb, když kolem něho seděly stovky příbuzných Chasidů, viděl, jak mě hledal očima, a když mě našel, uklidnil se.

Později jsem se ho dokonce nějak odvážil zeptat, zda je správný můj pocit, že chce vidět, zda jsem přítomen, nebo ne?

Odpověděl: „Ano, pro mne je důležité, abych tě viděl," a dodal: „Od té doby, co jsme byli v nemocnici, je pro mne důležité, abys byl blízko."

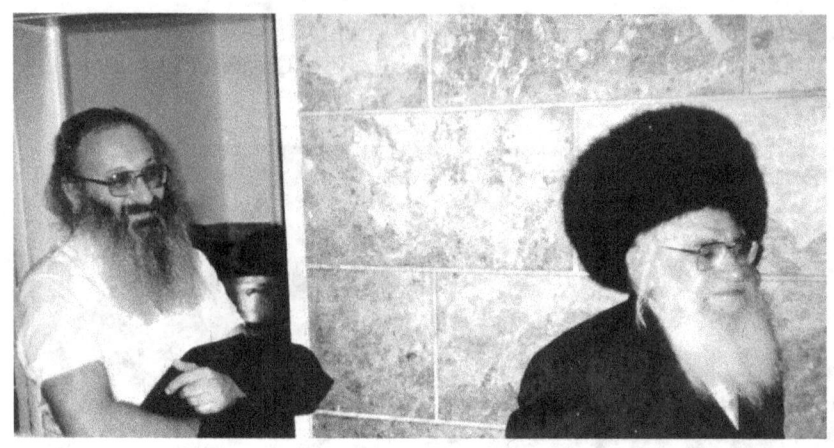

/ JSME SI JEŠTĚ BLIŽŠÍ /

To bylo důvodem toho, že mi řekl: „Přestěhuj se."

Předtím to nepovolil. Bydlel jsem v Rechovotu, trmácel jsem se sem a tam, do Bnei Braku a zpět. Často jsem zůstal přes noc v učební místnosti, neboť když jsme večer byli na nějaké svatbě nebo na jiné akci a vrátili se v noci kolem 11. hodiny, dostal bych se do Rechovotu až ve 12. Po dvou hodinách již bylo třeba vstávat, abych ve tři hodiny dorazil na lekci. Nemělo smysl vracet se domů, a tak jsem zůstal spát na lavici.

Tak uplynuly roky.

A souhlasila s tím i moje žena, neboť viděla, že trávím na cestě půl dne a že jsem fyzicky vyčerpán. Ale Rabaš stále říkal: „Ještě není čas." Chtěl, abych vynakládal úsilí. On sám ve svém mládí tvrdě pracoval na stavbách silnic a budov a zároveň se v noci učil. Vždy a ve všem ze sebe vydával všechno. A vyžadoval to i ode mne.

Dříve nechtěl, ale nyní již souhlasil a řekl: „Přišel čas."

A nejen, že souhlasil, ale sám mi našel byt blízko svého, na ulici Rav Ami 5.

Zanechal jsem svého výnosného obchodu, celý jsem ho předal, abych neměl žádné vazby, prodal jsem v Rechovotu dvoupodlažní byt a přestěhoval jsem se. Jako dnes si vzpomínám na svoje rozhodnutí –

nebrat s sebou nic, co by mne poutalo k minulosti, nic, co by mohlo moje myšlenky odvést od Cíle.

Zbořil jsem mosty, protože jsem pochopil, že jsem dostal jen jednu jedinou šanci a že ji nemohu propást. Být blízko velkému kabalistovi, přimknout se k němu, žít jeho životem.

Nikdy jsem toho rozhodnutí ani na chvilku nelitoval. Vždyť mi to umožnilo ještě více se sblížit s Rabašem a něco takového se nedá koupit za žádné peníze.

Také jsem koupil auto, aby bylo pro něho pohodlné: mělo vysoká sedadla, místo, kam mohl položit knihu, postavit sklenici.

Věděl, že je to všechno pro něho... a chápal, proč jsem to udělal. Chtěl jsem, aby z tohoto spojení s ním alespoň kapka jeho velké duše pronikla do mé, stále ještě kojenecké. Chtěl jsem se naučit dávat jako on, záviděl jsem mu, prosil ho a přemlouval, aby mi pomohl.

Často jsem snil o tom, že jsem spolu s ním, že jsme společně – ve veškeré přírodě, ve světech, vnitřně propojeni, sjednoceni, sami, vzdáleni od všech...

To jsem však trochu odbočil. Chtěl jsem vám říci o té „nečekané" události, která změnila náš život.

/ MOJE NABÍDKA BERGOVI /

Oznámili mi, že přijel z Ameriky rabi Berg a chce se se mnou setkat ve svém přístřešku (*Suka*), neboť právě nastával svátek *Sukot*.[38]

Berga jsem znal, dokonce jsem u něho byl na několika lekcích, než jsem přišel k Rabašovi.

Když jsem se s ním setkal poprvé, byl již „na vzestupu." Přesto v něm zvítězila touha učinit z kabaly byznys. Uvědomil jsem si to již na třetí lekci. Berg najednou začal zmiňovat „kosmické síly", co je pravá a levá ruka člověka a jak je očistit Světlem milosrdenství... Mystiku jsem však nehledal, nestrpěl jsem ji. Ani nadpozemské síly. Proto jsem odešel.

S Bergem jsme se však rozloučili přátelsky, dokonce ke mně přijel do Rechovotu a uvítali jsme společně *Šabat*. Pochopil, že mám ke kabale naprosto odlišný přístup, že v ní hledám vědu, a nikoliv mystiku, a přijal to s úctou.

A teď mne volají jeho jménem a žádají, abych přišel. Radil jsem se s Rabašem, jestli mám jít, nebo ne.

Rabaš řekl: „A proč ne?"

Odpověděl jsem: „Ano, ale je mi to nějak vzdálené, nyní jsem již úplně jinde."

Rabaš řekl: „Není vhodné odmítnout." Jako kdyby cítil, že se tam něco stane. A tak jsem šel.

Přišel jsem k Bergovi, začali jsme spolu rozmlouvat, samozřejmě jsem mu okamžitě řekl, že se učím u nejstaršího syna Ba'ala HaSulama, u Rabaše.

Nyní si vzpomínám, že mne napadlo, abych se pokusil Berga přesvědčit, jelikož jsem stále choval naději, že mohu zasáhnout jeho „bod v srdci", neboť ho očividně měl. Ale nedokázal jsem to. Nijak na to nezareagoval.

Řekl mi: „Máme svoji metodiku, svůj systém."

---

[38] *Sukot* (סוכות, dosl. stany) – svátek stánků, který se začíná slavit 15. den měsíce *Tišri*, což většinou připadá na říjen, a slaví se sedm dní (poslední den se nazývá *Hošana Raba*, הושענא רבה, dosl. velká prosba). Obecně připomíná putování Izraele pouští po vyvedení z Egypta a přebývání ve stanech (stan, hebr. *Suka*, סוכה).

A tehdy jsem mu najednou navrhl: „Ale tento systém je možné rozšířit. Mohu říci tvým učitelům, co jsem se naučil od Rabaše. Například jim mohu přečíst lekce na téma ‚Úvod do vědy kabaly'."
A to ho zaujalo. Najednou řekl: „Proč ne?"
Dnes jsem si jistý, že si Berg uvědomoval, že to je přesně to, co jim chybí. Chtěl, aby jeho učitelé procítili, co je pravá kabala podle Ba'ala HaSulama.

/ RABAŠ ZAHOŘEL /

Když jsem o tom řekl Rabašovi, byl rozrušený.
Tehdy jsem zase jednou spatřil, že je pravým žákem Ba'ala HaSulama. Pro oba dva byla jakákoliv možnost šíření vědy svátkem, vyšším darem, šancí, která je dána z „nebes" a kterou není možné promeškat. Rabaš byl připraven se mnou projít všechny lekce, odpovědět na jakékoliv otázky. Potom mi uprostřed lekce volal do centra Berga a ptal se: „Tak jak? Jak naslouchají? Rozumí tomu? Už jsi s nimi prošel druhé zkrácení? Bylo jim vše jasné?"
Stručně řečeno, hned po svátcích jsem jim začal každé ráno přednášet. Všichni moji studenti byli učitelé tohoto „Institutu kabaly Berga". Bylo jich 12–14. Tři z nich jsem znal již z dřívějška, byli to Jeremy Langfort, Josi Gimpel a Šmuel Kohen. Všichni to byli mladí muži kolem třiceti let, plní síly a touhy.
Jak jsem slíbil Bergovi, zpočátku jsme se učili „Úvod do vědy kabaly" a pak, když jsem viděl, že jsou chlapci seriózní a že touží po pravdě, vytáhl jsem *Šamati* a začali jsme hovořit „od duše k duši".
A najednou zahořeli. Nikdy nic takového neslyšeli. Zpočátku seděli tiše, vstřebávali látku, pak začali zadávat otázky, které byly všechny k tématu.
Hned po přednáškách jsem se vracel k Rabašovi a všechno do nejmenších podrobností jsem mu vylíčil.
Jak byl šťastný, že se kabala z naší malé zakouřené místnosti dostane k lidem! Ne, nechystal se nikoho nalákat, nevytvářel „zákeřné" plány, nepřemýšlel o tom, že tito 25–30letí chlapci náhle všechno opustí a přijdou se učit k němu. Pro něho bylo důležité, že naslouchají! Zadávají otázky! Snaží se pochopit!

/ JAK SE TO STALO… /

Učil jsem přesně podle Rabaše. S každou lekcí se jim odkrývalo něco nového. A přicházelo stále víc a více žáků. Ke konci jich bylo již asi čtyřicet. Pro ně zmizelo vše přebytečné, povrchní, a odhalovala se jim kabala – taková, jaká opravdu je, bez mysticismu, červených nití, svaté vody či kosmických sil. Odkrývala se jim seriózní věda. Takovou kabalu neznali. Proto také posmutněli. Uvědomili si, že zbytečně marnili čas.

Poslední kapkou pro ně byl Dopis 17 od Ba'ala HaSulama.[39]
Začíná ostře:

> … Cesta pravdy je velmi tenká linie, po níž se pozvedávají, dokud nedosáhnou královského paláce. A každý, kdo vstoupí na začátek linie a chce po ní kráčet, musí být velmi opatrný, aby se ani o tloušťku vlasu neodklonil doprava nebo doleva. Protože kdyby se na začátku odchýlil třeba jen o tloušťku vlasu, dokonce i kdyby dále kráčel po pravdivé přímé cestě, v žádném případě nedospěje do královského paláce…

Chlapci měli opravdovou touhu, proto ihned znervózněli. Pochopili, jaká hloubka je v každém slově.

Pokračoval jsem v rozebírání tohoto dopisu. Rozebíral jsem každý řádek. Viděl jsem, jak pozorně naslouchají, aby jim neuniklo ani jediné slovo. Konec dopisu jsem přečetl bez jakéhokoliv vysvětlení. Už nebylo nutné:

> … Je řečeno: „Otevřete mi otvor velikosti ucha jehly a já vám otevřu obrovskou bránu." Otvor velikosti ucha jehly je určen jenom pro práci. Tomu, kdo usiluje pouze o poznání Stvořitele jen ve prospěch práce, Stvořitel otevírá brány světa, jak je řečeno: „A země se naplní poznáním Stvořitele."

Skončil jsem. Mlčeli, na nic se neptali. Rozloučil jsem se s nimi a odešel jsem. Večer ke mně domů přijel Jeremy Langfort, první z učitelů Berga. Jak se ukázalo, přišel vyjednávat. Zeptal se mě, jestli ho Rabaš přijme.

---

[39] Dopis Ba'ala HaSulama z roku 1926, „Plody moudrosti. Dopisy".

Říkám: „Proč by tě nepřijal. Jsi ženatý, pracuješ, jsem si jist, že tě přijme."

Řekl: „Dobře, pak tedy přejdu k vám."

/ REVOLUCE /

S Jeremym k nám začali postupně přecházet nejdříve všichni učitelé Berga a poté i další žáci.

Už jsem říkal, že nebylo Rabašovým cílem, aby odvedl žáky od Berga, ne, ale chtěl jim říci, co je vlastně věda kabala, to opravdu chtěl. A stále mne k tomu vedl.

A pak se stalo, co se stalo. Pokud to vyjádřím patřičně a pravdivě, je to tak, že hledající člověk nepromešká takovou příležitost, aby mohl odhalit kabalu. A čest a chvála těmto chlapcům, že byli právě takoví.

Přicházeli k nám téměř každý den. Během ranní lekce se otevíraly dveře, kdosi mě zavolal ven na ulici, stáli tam mladí, z hlediska Bnei Braku podivní lidé, chlapci s dlouhými vlasy, oblečení podle telavivské módy a říkali: „Přišli jsme, abychom zde začali studovat. Můžeme?"

Odpověděl jsem: „Hned to zjistím."

Rabaš samozřejmě všechny přijal. Ukázalo se, že jich je kolem čtyřiceti. A to byla pro naši malou skupinu revoluce.

/ REVOLUCIONÁŘ /

Hlavním revolucionářem byl, samozřejmě, Rabaš. Byl nadšený, zanícený, dlouho jsem ho neviděl v takovém stavu. Cítil se, jako kdyby se podruhé narodil. Po mnoho let snil o tom, že se u něho objeví mladí, 25–30letí žáci. A teď se objevili.

Jenom si představte, že 77letý Rabaš, který celý život žil v Bnei Braku, se všemi omezeními a ohraničeními ortodoxní židovské komunity, se nebál přijmout nereligiózní, sekulární „bezbožné" žáky dokonce z Tel Avivu a neohlížel se na nic a na nikoho. Nezalekl se „hrozeb" svého okolí, „neslyšel" kategorický požadavek svých příbuzných „nepřijímat je!" On je přijal!

A odpor byl ohromný. Obrovský! Příbuzní, známí a přátelé ho kategoricky žádali, aby je odmítl. Neuplynul ani jediný den bez toho, aby nepřišli „dobře smýšlející" (očividně je někdo poslal!) a neprosili Rabaše, aby přehodnotil své rozhodnutí. Aby tyto lidi nepřijímal za žádných okolností.

Bnei Brak je nechtěl. Rabaš se však nevzdal.

Byl to člověk s obrovskou vnitřní silou. Pro něho byl každý, kdo chtěl studovat vědu kabalu, výše všech ostatních.

Viděl jsem, jak se „rozhodoval". Nezvažoval, jaké to pro něho bude mít důsledky, jak se na něho budou dívat, co řeknou. Přišli k němu mladí žáci – a to bylo hlavní!

Rabaš se choval tak, jako nikdy před ním žádný jiný kabalista. Snažil se o průlom.

/ ŽILI JSME V TAKOVÉ DOBĚ... /

Žili jsme v době, která byla pro kabalu velmi těžká. Stále ji nepřijímali. Věřili všem pověstem a mýtům, které o ní kolovaly. Báli se s ní mít cokoliv společného.

Někteří si dokonce zakrývali svou tvář dlaněmi, když procházeli kolem budovy, ve které jsme se učili, aby si ani náhodně nepřečetli název „Ari–Ašlag".

A to již nehovořím o tom, že si nikdo ani na jediném místě, dokonce ani zdarma, nechtěl vzít kompletní soubory Knihy *Zohar* s komentáři Ba'ala HaSulama.

Vzpomínám si, jak jsem je nakládal do auta a vozil-vozil je z místa na místo, všude. Nechtěli. Říkali: „Nemáme je kam dát." Říkal jsem jim: „Ale vždyť máte prázdné police." Odpovídali: „Tyto knihy nemohou být vystaveny všem na očích." A když si je ode mne na jednom místě přece jen vzali, byl jsem šťastný, že jsem dostal dar, o kterém jsem snil celý život. Chtěl jsem uhánět zpátky k Rabašovi, abych mu oznámil, že někdo potřebuje *Zohar*! Ani jsem však nestihl nasednout do auta, když majitel s balíčkem knih vyběhl na ulici a řekl, že si to rozmyslel, abych si je vzal zpět.

Taková to byla doba! Zato dnes můžeme kabalu najít na každém kroku, na internetu jsou dostupné kilometry materiálů. Ale dříve lidé uskakovali dokonce již před samotným slovem kabala.

Vzpomínám si, že jsem ještě předtím, než jsem kolem roku 1977 či 1978 přišel k Rabašovi, jezdil do Jeruzaléma do jednoho malého obchodu v suterénu na Kikar Šabat[40] v Jeruzalémě. Prodávaly se tam

---

[40] *Kikar Šabat* – Šabatní náměstí.

kabalistické knihy. Starý majitel knihy prodával za velmi vysokou cenu. Požadoval za ně 100 až 150 dolarů, zatímco každou jinou knihu bylo možné zakoupit za 3–4 dolary. Koupil jsem od něho Ariho „Strom života" za 300 dolarů. Zároveň mi upřímně odpověděl na mou otázku „Proč tak draho?" Říkal, že tyto knihy nikdo nekupuje, mají strach. Takže si nemůže objednat sérii knih a je nucen je prodávat po kuse. Z toho důvodu požaduje za jednu knihu stejně jako za deset jiných.

Postoj ke kabale zůstával dlouho stejný. Vzpomínám si, že když jsem u Rabaše studoval třetím rokem, potřeboval jsem udělat kopii klíče, a tak jsem zaskočil do krámku brusiče v Bnei Braku. Podával jsem majiteli svůj klíč a najednou vidím, jak se mění jeho tvář.

Doslova mi bledl před očima, odskočil ode mne, roztáhl přede mnou ruce v obranném gestu a celý se třásl. Nechápal jsem, co se děje, dokud nezačal bláblit: „Prosím, prosím, odstraňte tuto... věc!" A ukazuje na knihu, kterou jsem držel v rukou a kterou jsem mechanicky položil na pult. Byl to Ariho „Strom života".

Okamžitě jsem pochopil důvod jeho úleku, zvedl jsem knihu z pultu, omluvil jsem se a opustil jsem obchod, abych ho neznepokojoval. Zároveň mi bleskurychle udělal klíč.

Taková byla doba asi před 40 lety.

A v takové době učil Rabaš. A v této době jsem k němu přivedl 40 mladých studentů.

/ ŽÁDNÉ KOMPROMISY /

Opravdu chtěl, aby zůstali, snil o tom!

Nebyl však ochoten přistoupit na žádné kompromisy. Protože se týkaly jejich duchovní práce.

Okamžitě mne požádal, abych jim oznámil nutnost placení desátku[41].

---

[41] Desátek (מעשר, Ma'aser) je odpočet z úrody, hospodářských zvířat atd., který je ustanoven v Tóře pro chrámové a jiné potřeby. V kabale je *Malchut* desátou částí duše, kterou nelze napravit, a proto s ní sami nepracujeme, jen prostě odevzdáváme desetinu našeho příjmu.

Byl jsem nervózní, snažil jsem se ho přesvědčit. Řekl jsem: „*Rebe*, hned druhý den hovořit o desátku s nenábožensky založenými chlapci z Tel Avivu je stejné jako jim říci: ‚Jděte pryč!'"

Ale Rabaš byl neoblomný a žádal, abych jim to oznámil.

Nepotřeboval jejich peníze, prostě si nedokázal představit, jak by bylo možné studovat kabalu bez oddělení desátku. Pro něho to byla část duše, kterou nelze napravit. Tak jak je možné jej neoddělit?!

S třesoucíma se nohama jsem jim oznámil: „Chlapci, tato tradice je z dávných dob. Kdo opravdu přišel kvůli tomu, aby se duchovně rozvíjel, musí na to přistoupit." Očekával jsem všechno možné, jenom ne takový všeobecný klidný souhlas. To mi již poněkolikáté ukázalo, že pokud jde o duchovní, je třeba zapomenout na pozemskou logiku a rozum. Oni jasně pocítili, kde jsou a kdo je před nimi. Proto se nebránili ani jednu vteřinu.

Rabaš však pro ně připravoval ještě jednu zkoušku.

Řekl mi: „Nemohu učit svobodné muže."

A tady jsem znovu, už po kolikáté, „neprošel zkouškou". Myslel jsem si, že toto se již jistě nepodaří. Že by mladý chlapec z Tel Avivu chtěl ztratit svobodu, to jsem si neuměl představit!

Je pochopitelné, že pro Rabaše to byla další nezbytná podmínka pro postup studenta vpřed – být pevně spojen se „zemí". Takže bylo třeba pracovat, být ženatý, mít děti... Ba'al HaSulam Rabaše nepustil na lekce, dokud se neoženil.

Všechno jsem to věděl, ale myslel jsem si, že teď je jiná doba a jiné duše – vždyť do světa sestoupily nízké duše. Byl jsem si jistý, že s tím, že se mají „oženit", určitě nebudou souhlasit.

Vysvětlil jsem jim to. Poslouchali. A souhlasili.

A od této chvíle jsme začali chystat svatby.

Jednu za druhou! Bylo také období, kdy jsme připravovali dvě svatby týdně. Tak jsme oženili všechny. A když se z úcty k tradicím Bnei Braku ještě i oblékli „podle místního" stylu, pochopil jsem, že nastaly nové časy.

/ DESÍTKY /

A život opravdu začal vřít.

Tento mladý *Chisaron*[42] požadoval naplnění. Noví studenti dychtivě vstřebávali všechno, co Rabaš vysvětloval na lekcích, a pilně studovali také z knih. Odkrývala se před nimi pravá věda kabala.

Rabaš je rozdělil do skupin. Vzpomínám si, že mě požádal, abych mu předčítal jejich jména a o každém mu něco pověděl, jaká je jeho povaha, jak dlouho studuje. Nebyla to žádná formalita. V každém jeho rozhodnutí spočíval hluboký význam.

Rozdělil je do tří skupin, do tzv. „Desítek", ale po 15–16 lidech. (Mně určil Desítku, ve které bylo šest lidí, tak se rozhodl.) Každá Desítka měla svého vedoucího. Kromě toho byl Rabaš iniciátorem zahájení pravidelných setkání přátel a všichni se na ně velmi pečlivě připravovali.

/ ŽILO TO V NĚM /

Jednoho rána jsme se procházeli v parku. A Rabaš mi řekl: „Musíš s nimi promluvit před jejich schůzkou. Řekni jim, co je to setkání přátel, k čemu je, proč to děláme, jak bychom se společně měli organizovat."

Říkám: „Ale já nevím, jak se organizovat. Opravdu jsem se to učil? Jezdíme spolu do parku, hovoříme. Ještě tak mohu něco říci o osobní duchovní práci, o tom, čím jsem sám prošel, co jsem slyšel od Vás, ale jak organizovat duchovní skupinu, opravdu nevím. Obávám se, aby to nebyly plané řeči."

A najednou se zamyslel. A pak jsem dodal: „Možná, že o tom něco napíšete? A já budu hovořit podle toho, co jste napsal."

Odkud se ke mně dostala ta šťastná myšlenka? Vlastně je jasné odkud! A v pravý čas!

---

[42] *Chisaron* (חיסרון, dosl. nevýhoda, defekt, nedostatek) – ze srdce vycházející požadavek naplnění nedostatku (nepřítomnosti) žádoucího. Nedostatek jednoty, absence pocitu spojení všech protikladů a jejich vzájemné podpory.

Vzpomínám si, jak se na mě podíval... Stáli jsme vedle lavičky v parku Ganej Ješua[43] – najdu ji dokonce ještě dnes i se zavřenýma očima. On se posadil na lavičku, vytáhl pero – také měl vždy s sebou svůj malý zápisník za půl šekelu, do kterého si zapisoval, co je třeba nakoupit – vytáhl pero a zápisník... otáčel ho v rukou – maličký zápisník, co se do něho dá napsat?!

A vtom jsem si uvědomil, že je to osud. Nevyužít tuto příležitost nebylo možné. Vytáhl jsem balíček cigaret, rozbalil ho, vysunul jsem papír, do kterého byl zabalen, otočil jsem ho bílou stranou nahoru, podložil jej knihou „Brána záměrů" a podal ji Rabašovi.

Pamatuji si všechno naprosto přesně, do nejmenšího detailu, právě proto, že to jsou nejdůležitější okamžiky mého života. A nejen mého. Řekl bych, že od tohoto okamžiku začíná nový odpočet času.

---

[43] Park podél řeky Jarkon v severní části Tel Avivu.

Vzpomínám si, jak se Rabaš na malý okamžik zamyslel. A najednou napsal:

> Shromáždili jsme se zde, abychom položili základy pro vytvoření skupiny, která spojí všechny, kteří chtějí následovat cestu Ba'ala HaSulama. Abychom se pozvedli na úroveň, na stupeň člověka...

Psal bez přestávky, a já jsem se mu díval přes rameno a četl a četl... A v mé mysli se samy od sebe tvořily otázky, o kterých jsme potom tak bouřlivě diskutovali před shromážděním přátel: co to znamená „spojit se", co je „metodika Ba'ala HaSulama", co znamená „stupeň člověka"?

A on pokračoval ve psaní:

> ... Setkáváme se zde, abychom založili skupinu, kde by každý z nás následoval ducha odevzdání Stvořiteli.

/ PŘIPRAVOVALA SE EXPLOZE /

První články Rabaše o skupině byly napsány na balicím papíře...
Žily v něm a čekaly na příležitost, aby se dostaly ven.

Dlouhá léta Rabaš učil v malé místnosti na okraji Bnei Braku a celou tu dobu si tyto poklady chránil v sobě, připravoval si tyto články ve své mysli; do té doby nic nenapsal. A teď přišel čas, aby se objevily, a tak se stalo, že jsem byl nevědomky svědkem a iniciátorem této události, ale to, co mě opravdu zasáhlo, bylo, že to byly články o skupině!

Stále jsem přemýšlel o tom, kde se v člověku, který prakticky nikdy neměl žádnou skupinu, vzal takový pronikavý pocit její nevyhnutelnosti? Jistota, že jen ona může přivést člověka ke spojení se Stvořitelem?

Jak bylo vůbec možné, aby člověk v „Učení deseti *Sfirot*" rozpoznal za schématy, výpočty a světy takovou důležitost skupiny, přátel? Ne, to jsem v žádném případě nečekal.

A Rabaš naléhal:

> ... Jak člověk může získat tuto novou vlastnost – přání odevzdávat...? Vždyť je to v rozporu s přirozeností člověka...

> *Existuje jenom jediné východisko: shromáždit společně do jedné skupiny několik lidí, kteří mají pouze maličkou možnost se vymanit z nadvlády egoismu.*
>
> *... když se tito lidé spojili do skupiny, každý z nich musí přemýšlet o tom, jak překonat svůj egoismus...*[44]

Dnes chápu, že se tato „exploze" připravovala nejen po celý jeho předchozí život, ale také během všech našich procházek a rozhovorů, při objasňování otázek, které ve mně vyvolával, ve stavech, kterými jsem procházel a které jsem s ním sdílel. Ptal jsem se ho, co to se mnou je, co mám dělat, jaký k tomu mám mít vztah? A on odpovídal.

Často, když sám nebo se svými studenty tyto články pročítám, najednou vidím situaci, která vedla k napsání tohoto článku, nebo slyším naše společné rozhovory v parku, když jsme rozmlouvali právě o tom.

A také s Rabašem sdílím to, co jsem cítil na lekci, nebo to, co se stalo ve skupině.

„Co dělat? Jak to má být?" ptám se.

A on mi to vysvětluje. A zde jsou jeho vysvětlení, vidím je v článku.

Někdy mi moji studenti říkají: „Kdyby tehdy bylo video, o kolik bohatší bychom dnes byli."

Ne, Rabaš by s natáčením nikdy nesouhlasil. Video – to nebylo pro něho. Ale články, knihy – to byl známý svět, na který byl zvyklý.

Jeho otec psal celý život, velcí kabalisté všech generací nám zanechali své poznámky a knihy. Rabaš cítil vysoké duchovní kořeny napsaného.

Kdo jiný, pokud ne on, věděl, co znamenají písmena. Zejména napsaná. Kombinace vektorů a sil. Kombinace světel. Písmena v něm zněla, spojovala se ve slova a on nám ve svých článcích předával drahocenné informace.

Je řečeno: „Stvořitel stvořil svět písmeny." Rabaš vytvářel svět stejně jako Stvořitel. Do všeho, co napsal, vdechl svou velikou touhu přivést svět k odevzdání, ke Stvořiteli.

---

[44] Rabaš, „Láska k přátelům (2)", článek č. 6, 1984.

/ ZAČALO TO!... /

Začátkem příštího týdne jsem ho požádal o článek na další „setkání přátel". Už jsem byl chytřejší a obstaral jsem si v obchodě balíček papíru. A on se nebránil. Chtěl psát.

Každý týden vydával jeden článek.

Zpočátku se mnou něco projednal a pak následoval svůj vnitřní pocit. Nikdy ho nezklamal.

Cítil všechno – každého člověka, neboť prošel vším, nasál do sebe všechna lidská trápení, prožitky, utrpení. Slyšel jsem, jak po přečtení jeho článku často říkali: „Ano, to je o mně! Jak to ví?"

/ PROŠEL VŠÍM! VĚDĚL VŠECHNO! /

Bylo to ještě na začátku mého studia, když jsme spolu šli po ulici a já jsem pod dojmem nějaké nespravedlnosti zavedl řeč na zlo.

„Kolik je na světě zla!"

„Nu, copak je to zlo?!" odpověděl.

„Ale stejně," říkám, „vraždy, krádeže, násilí, svět je plný těchto ohavností."

A jak jde, jakoby mimochodem utrousí: „Vším tím jsem prošel."

Vzpomínám si, že jsem se dokonce zastavil a zeptal se ho: „Čím jste prošel?"

„Byl jsem vrahem a zlodějem, a dokonce ještě něčím mnohem horším, než je toto," řekl.

Dívám se na něho a podvědomě skenuji – přede mnou stojí starý muž malého vzrůstu, který celý svůj život vykonával jednoduchá zaměstnání, žil v religiózním prostředí, byl neustále v blízkosti svého otce Ba'ala HaSulama. A najednou mi řekne, že v životě prošel vším.

Díváš se na něho a přemýšlíš: čím prošel, co viděl kromě svého vlastního světa, když prakticky nikam nejezdil, s nikým se nestýkal...

Rozuměl mému stanovisku, ale tehdy mi nic nevysvětloval.

A mně se teprve později vyjasnilo, jak primitivní jsou všechny moje myšlenky a srovnávání, že to já jsem nikam nedospěl, přestože jsem navštívil mnoho zemí, vůbec nic jsem neviděl, ničím jsem neprošel navzdory vysokoškolskému vzdělání, biokybernetice a tuně prostudované literatury. A on, Rabaš, prošel vším.

Odhalil v sobě takový egoismus, v němž procítí, že je vrah, násilník, zloděj a že všechno, co jen je na světě, dobré, špatné i hrozné – to vše je v něm.

Později mi několikrát vysvětlil, že v člověku, který skutečně vykonává duchovní práci, vyplouvá na povrch celé lidstvo. A on přijímá jako své vlastní všechny nedostatky, chyby a přestupky druhých.

„Neboť před sebou musíš vidět společnou duši," říkal, „a když ve světě vidíš vady, nemáš právo se zastavit. Musíš se začlenit do nápravy. Cítíš se jako hříšník, zloděj, vrah. Musíš v sobě ‚nalézt' soudce bez ohledu na svůj přestupek. A takto přivolat Stvořitele – soudit a napravovat sám sebe. Pokud k tomu dospěješ, vyřešil jsi problém. A pokaždé stejně."

Všechny tyto myšlenky, pocity a odhalení Rabaš zahrnul do svých článků.

Proto jsou tak drahocenné.

/ KUPUJEME PSACÍ STROJ /

Když jsem viděl, že se Rabaš nezastaví, přesvědčil jsem ho, aby si koupil psací stroj. Vysvětlil jsem mu, že jeho rukopis je nečitelný a on okamžitě souhlasil.

Odjeli jsme do Tel Avivu, zašli do obchodu a Rabaš sám vyzkoušel všechny stroje. Byl tím fascinován jako dítě. Když jsme přijeli domů, ihned se posadil a začal psát. Od tohoto okamžiku se náš harmonogram nikdy nezměnil.

Po procházce v parku jsme se hned vraceli domů, uvařil jsem mu kávu, on šel nahoru do svého bytu a sedl si ke psaní. Zůstal jsem dole. Bylo zde málo světla a chladno, ale stejně jsem otevřel knihu a čekal.

Naslouchal jsem, dokud se shora neozval první stejnoměrný klapot psacího stroje.

Když píšu tyto řádky, stále ho slyším. Občas ho slyším, když čtu jeho články, mám to raději než jakoukoliv hudbu – je to Rabašova kabalistická „hudba" – „ťuk-ťuk, ťuk-tuk…"

Rabaš psal jedním prstem, chyby úhledně zamazával korekční bělobou. Byl to pro něho celý proces, kterému se plně oddával. Prakticky každé slovo odděloval čárkou, jako by předával svůj stav, říkal o tom, že každé slovo napsal z nějakého důvodu a že je třeba ho procítit, proniknout dovnitř, nespěchat se čtením. Za týden takto vznikl článek o sedmi nebo osmi listech.

Uplynul čas a zakoupili jsme elektrický stroj... Rabaš mu přišel na chuť. Svůj harmonogram nikdy nezměnil. Za ta léta se toho v něm nahromadilo tolik, že si nemohl dovolit přestávku, spěchal.

/ ZNÁT SVOU DUŠI /

Po určité době jsme tyto články začali číst ve skupině na začátku lekce. Četli jsme přibližně hodinu, hodinu a půl. Rabaš naslouchal, oči měl zavřené, hlavu zakloněnou dozadu.

Nebyl pro něho důležitý jen názor studentů, ale i názor našich žen. Když dokončil článek, vždy mi říkal: „Nezapomeň jej dát ženám." Mezi moje povinnosti patřilo rozmnožit články a předat je prostřednictvím své manželky ženám. Rabašova další otázka zněla: „No, co říkaly? Jak se jim pozdává článek?" Cenil si jejich názoru, možná dokonce více než našeho. Přibližně jednou za měsíc se objevily články napsané konkrétně podle otázek žen.

Dnes, téměř po čtyřiceti letech, vidím, jaké změny vyvolaly články Rabaše ve mně, v jeho žácích, ve všech, kteří se nacházeli v jeho blízkosti.

Zprvu se zdálo, že jsou psané nehezky a nesprávně, že jejich jednotlivé části nejsou vzájemně propojeny, že na sebe nenavazují... To však jen proto, že jsme v nich neviděli přesný pohyb sil duše, která se rozvíjí právě tímto způsobem. Neznali jsme svoji duši. Rabaš ji však znal.

A tyto články vykonaly svou práci. Před mýma očima se začaly dít zázraky. Vzpomínám si, jak jsme četli článek a najednou se otevřely dveře do učebny a objevil se někdo nový, neznámý, nalil si kávu, posadil se a jakoby nic se připojil k lekci. Neuplynulo ani deset minut a dveře se znovu otevřely a objevil se nový neznámý, jenž se zachoval naprosto stejně. Rabaš si všiml mých rozpaků, naklonil se ke mně a zašeptal: „Ten první zmizel před 10 lety a ten druhý před 15..."

Jakmile jsme začali číst články, náhle se začali vracet žáci Rabaše, kteří již dávno odešli. Zdálo se, že slyšeli výzvu a vrátili se. A chovali se tak přirozeně, jako by si odskočili zakouřit nebo si vzali dovolenou na jeden den, a ne na 10 nebo 15 let.

A to vše proto, že tyto články byly „rukopisem" lidské duše.

A po čem touží duše? Po péči o druhé.

Rabaš se staral o všechny.

/ PÉČE O DRUHÉ /

Rabaš mi říkal: „Pokud se chceš dostat z temnoty, začni se starat o druhé". To bylo také jeho modlitbou.

Viděl jsem to během první libanonské války v roce 1982. Rabaš tehdy každou hodinu zapínal rádio. Poslouchal přehled zpráv v autě, doma, dokonce i během lekce. Nezajímaly ho komentáře, ale konkrétně to, co se děje.

Během války v Libanonu neodkládal rádio z rukou.

Tehdy k nám na lekci přicházeli cizí lidé, a jim se jeho chování zdálo velmi podivné. Jak to, že přestaneš hovořit o tom, co je napsáno v Tóře, přestáváš učit takové vznešené věci, abys mohl poslouchat zprávy? Vzpomínám si, že byl kdosi z *Charedim*[45] (ultra-náboženských) dokonce rozhořčený a zeptal se Rabaše: „Jak se něco takového vůbec může dít? U nás přece vůbec není obvyklé poslouchat rádio a vy dokonce přerušíte lekci a posloucháte!"

Rabaš mu odpověděl: „A kdybys tam měl syny, znepokojovalo by tě, co se tam děje, nebo ne?! Jsem si jistý, že by tam bylo tvoje srdce! Samozřejmě! A také bys zapínal rádio a poslouchal, protože bys cítil, že na tom závisí tvůj osud. A my tam máme celou naši armádu a všichni ti chlapci jsou moji synové a já trpím a starám se o ně."

Byla to pro mě dobrá škola. Pochopit, jak v sobě kabalista rozvíjí zvláštní cit k národu, jak trpí a snaží se být s národem ve všech neštěstích, obtížích a problémech, které jsou údělem země.[46]

/ NEČEKANĚ – *ZOHAR* /

Rok 1983, září. Vzpomínám si, jak jsem večer někam spěchal ulicemi Bnei Braku a najednou jsem na zdi uviděl oznámení: „Ašlag zemřel".

Ztuhl jsem, podlomila se mi kolena – který Ašlag?

Přiběhl jsem blíž, čtu – Šlomo. A uvědomil jsem si, že zemřel mladší bratr Rabaše – Šlomo Benjamin Ašlag.

Pospíchal jsem za Rabašem. Byl doma, seděl u stolu a já se ho hned na prahu dveří zeptal: „Co budeme dělat?"

Myslel jsem si, že řekne: „Jedeme na *Šiv'u*".

On mi však řekl: „Nepojedeme nikam. Budeme sedět tady, spolu. Budeme se učit."

---

45 *Charedi* (חרדי, mn. č. *Charedim*) je ultraortodoxní Žid. Pojmenování je odvozeno od slova *Charada* (חרדה), dosl. úzkost, třes, strach, podle verše „vy, kdo se třesete při Jeho slovu" (Izajáš 66, 5).

46 Ba'al HaSulam píše v článcích „Vzájemná záruka" (*Arvut*) a „Darování Tóry" (*Matan Tora*) o tom, že čím rozvinutější je člověk, tím více se začíná znepokojovat nikoliv o sebe, ale o svou rodinu, potom o společnost, ve které žije, o svou zemi, o celý svět. Vychází to z vnitřního poznání, že jsme jediný organismus. (Z blogu Michaela Laitmana.)

A tak začalo těchto neopakovatelných sedm dní, které opravdu „otřásly světem".

Sedm dní jsme byli sami, nikdo k Rabašovi nepřišel, nikam jsme nevycházeli.

Odkrýval přede mnou to, co jsme se ve skupině nikdy neučili – „Předmluvu ke Knize *Zohar*", kterou napsal Rašbi. Tato kniha je také nazývána korunou (*Keterem*[47]) Knihy *Zohar*.

Rabaš řekl: „Tomu, komu se odkrývá tato kniha, odkrývá se celý *Zohar*." On sám se rozhodl, že probereme právě tuto předmluvu, a hned otevřel knihu a začal číst a vysvětlovat.

Bylo to sedm dní letu! Nenastalo to, že by Rabaš více vysvětloval, to ne, neměnil svou metodiku, protože vždy kladl důraz na to, že se sám musíš snažit udržet svůj záměr, tím spíše proto, že je Zohar *Sgula*[48]... V těchto dnech však vytvořil takovou atmosféru, že jsem měl strach, aby mi neuniklo ani jediné slovo.

To, co jsme probírali, není v knize uvedeno. Seděl jsem s otevřenými ústy a cítil jsem, jak dozrávám. Byl zelený plod, který se k ničemu nehodil, a najednou je země oplodňována, prší, slunce se zbarvuje do červena a ty si uvědomuješ, že dozráváš, něco do tebe vstupuje. Ještě nemůžeš pochopit, co to je, ale jsi připraven nespat, nejíst a plně se oddat této přirozené cestě, na kterou tě přivádí Kniha *Zohar*, Rabaš...

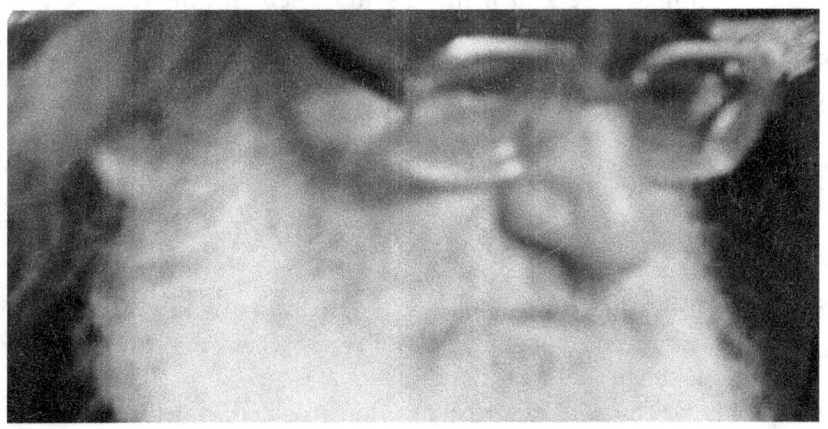

---

[47] *Keter* (כתר, dosl. koruna) je v kabale první z deseti *Sfirot*.
[48] *Sgula* (סגולה, dosl. zázrak) je zvláštní prostředek, dílo kabalistů, díky němuž může být člověk, skupina a Stvořitel sjednoceni do jednoho celku. Jejich jednota je uskutečnitelná pouze tehdy, pokud řádně používají systém, ve kterém se nacházejí. (Z blogu Michaela Laitmana.)

„V tom sále jsou obrovské poklady, jedny nad druhými. V tomto sále je pevně uzavřená brána, aby se zabránilo přístupu Světla. A je jich tam 50…"

A Rabaš vysvětlil: „Brány znamenají nádobu – touhu přijímat Světlo.

V těchto branách je jeden zámek a úzké místo, aby do něho mohl být vsunut klíč."

Spatřit zámek v bráně znamená pochopit, že Světlo může být přijímáno pouze prostřednictvím odevzdávání. A když se to pokoušíš, uvědomíš si, že je to velmi úzké místo a že není snadné se k tomuto zámku, k tomuto vstupu do duchovního přiblížit, neboť je velký jako ucho jehly. Je třeba se přiblížit, neminout jej, neodklonit se, zasunout do něho klíč – náš záměr a otevřít zámek, splnit Přikázání – poskytnout radost Stvořiteli.

Kdysi to Rabaš napsal podle slov Ba'ala HaSulama a z těchto zápisků se zrodilo *Šamati*[49].

Během těchto sedmi dnů jsem se snažil psát to, co Rabaš říkal, a z toho pak byla sestavena moje osmá kniha – Kniha *Zohar*.[50] Není ode mne. Velmi jsem se snažil, abych sám od sebe nic nepřidal, aby tam byla jen slova Rašbiho a Rabaše. Těchto sedm nezapomenutelných dnů jsme strávili spolu. A když skončily, Rabaš řekl: „Teď se musím uchýlit do ústraní."

A odjel do Tverji.

/ ÚSTRANÍ RABAŠE /

Cestoval do Tverje sám, nikoho k sobě nepouštěl, chtěl být sám. Jednou za měsíc od nás na dva dny odjel. V Tverji bydlel v malém domku u svého dávného studenta, který se jmenoval Drori.

Přišel čas, kdy musel změnit své obvyklé prostředí, opustit rodinu, děti, ženu, žáky, odejít do ústraní, být sám se sebou.

V minulosti to pro kabalisty bylo všeobecně běžné a říkalo se tomu „odchod do vyhnanství".

---

[49] Ašlag, J. (Ba'al HaSulam): *Šamati* / Slyšel jsem, Laitman Kabbalah Publishers, Praha 2020.
[50] Laitman, M.: Kniha *Zohar*, Volvox Globator, Praha 2011.

Člověk opustil dům, nic si s sebou nevzal a na rok či dva odešel. Vydělával si, jak mohl, žil, kde se dalo, držel se pouze Stvořitele, protože neměl nikoho jiného, koho by se mohl přidržet.

Rabaš si nemohl dovolit rok nebo dva, nýbrž jen pár dní.

Když se vrátil, čekal jsem na něho u autobusu, nesl jsem mu kufr a neskrývám, že jsem snil o tom, že mě jednoho dne vezme s sebou.

Ale neodvážil jsem se mu to navrhnout, neboť jsem chápal, jak důležité je, aby byl kabalista takové úrovně osamotě.

A jednou jsem se o tom sám přesvědčil.

/ NEBYL TAM /

Jednou, když Rabaš odjel do Tverji, se náhle celá naše skupina rozhodla: pojedeme za ním. Bylo to ve čtvrtek, právě v den shromáždění přátel. V pátek se měl vrátit, a my jsme se rozhodli, že tento den strávíme s Učitelem na společné hostině, a mysleli jsme si, že ho potěšíme.

Přijeli jsme. Přistoupili jsme k plotu domu, ve kterém žil Rabaš, a najednou jsme se zarazili. Uvědomili jsme si, že nevíme, jak vstoupit, vůbec jsme nechápali, proč jsme přijeli, jak se v nás zrodila tato myšlenka. Vždyť nás nikdo nepozval. Stáli jsme před plotem, mlčeli jsme a nevěděli, co dělat. Najednou někdo řekl: „Ať jde Michael." A všichni se na mě podívali.

Vzpomínám si, že jsem vstoupil do zarostlé zahrady. Pamatuji si, jak jsem šel po pěšině k domu a po celou dobu mne neopustila obava, že jsme přijeli nevhod, že nás nepozval. Proč jsem sem vlastně jel, proč jsem souhlasil?!

Takto jsem došel ke dveřím domu. Byla na nich síť proti komárům, tak velká, aby zakryla celé dveře. Vzpomínám si na všechno do nejmenších podrobností. Podíval jsem se přes síť dovnitř. Zpočátku jsem neviděl nic a pak jsem najednou spatřil člověka sedícího na posteli. Hned jsem nepochopil, že to je Rabaš.

Seděl, nehýbal se, byl oblečen jen v kalhotách a ve spodní košili a upřeně se díval před sebe. Dlouho jsem se neodvažoval prolomit ticho, ale myšlenka, že ho pozoruji, mne také vůbec netěšila. Proto jsem tiše řekl: „Dobrý den, *Rebe*."

Nereagoval. Zavolal jsem hlasitěji: „*Rebe*?!" Pomalu ke mně otočil hlavu a já si najednou uvědomil, že mě nevidí!

Rabaš se díval někam skrze mne, doslova jako kdybych byl průzračný. Vzpomínám si, jak mi bušilo srdce, nevěděl jsem, co bych v takové situaci měl dělat.

Náhle se podíval dolů na podlahu. Trvalo to asi minutu či dvě, ne více. Pak ke mně pomalu zvedl oči a zeptal se: „Kdo tě sem zval?"

Řekl to tiše tónem, jako by hovořil s naprosto cizím, nezvaným člověkem. A znovu mne napadlo, že je třeba se neodkladně obrátit a odejít. A odvézt všechny pryč...

Ale přesto jsem odpověděl: „*Rebe*, přijeli jsme společně. Celá skupina. Mysleli jsme..."

„A kdo vás zval?" přerušil mě a opět odvrátil zrak. Znovu se vrátil do stejného stavu, ve kterém jsem ho našel.

Neřekl jsem již ani slovo, bál jsem se přerušit jeho ticho. Opatrně jsem sestoupil po schodech a zapálil si cigaretu. Přistoupili ke mně chlapci, okamžitě všechno pochopili, ani jsem jim nemusel nic vysvětlovat. Seděli jsme, kouřili a nevěděli, co dělat.

/ VÝCHOD /

Když neexistovaly žádné vnější překážky, nebylo ani potřeba se před někým „ukazovat". Proto Rabaš mohl vstoupit do takového vnitřního stavu, ve kterém prakticky necítil tělo, nepřekáželo mu, vešel do svého nitra.

Sotva slyšel, co se kolem něho děje, přebýval ve svém nitru. Nebyla to meditace, v kabale nic takového neexistuje, bylo to duchovní prohloubení. Do tohoto jeho stavu jsem nahlédl v Tverji.

Uplynulo půl hodiny, možná i více. Nevěděli jsme, co máme dělat. Na jedné straně jsme chápali, že jsme sem neměli jezdit, když jsme ho o tom předem neinformovali, na druhou stranu jsem cítil, že ho v takovém stavu nemohu opustit, že je třeba čekat.

A pak *Rebe* vyšel. Již byl jiný, jeho pohled byl jiný, „oživený", jeho oči si nás zvědavě prohlížely. Zeptal se: „Nu, co tady děláte?"

Začali jsme mu vysvětlovat, že jsme ho nechtěli rušit, že jsme se rozhodli uskutečnit naše setkání přátel v Tverji a zároveň jsme ho zašli navštívit. Mysleli jsme, že když jsme v Tverji, není možné jej nenavštívit.

Všichni jsme se podívali na Rabaše. Dlouho mlčel, pak se na nás znovu podíval... a řekl: „Připravíme hostinu."

Rázem všem spadl kámen ze srdce, všichni se zaradovali, usmívali se. Aaron Brizel, specialista na stolování, poslal někoho na trh, někdo už vařil vodu, někdo krájel zeleninu a všichni jsme měli pocit, že je svátek.

/ HOSTINA /

O hostině s Rabašem je potřeba vyprávět samostatně.

Pro něho neznamenala hostina jen jídlo, posezení s přáteli. Byl to vysoký duchovní proces. A on nám k ní vštěpoval stejný postoj.

Naše hostiny se konaly v naprostém tichu. Nebylo možné, abychom mezi sebou hovořili. Každý se musel soustředit do svého nitra a hovořit jenom sám se sebou.

Ve vzduchu vládlo takové napětí, že byl člověk nucen provázet záměrem každé sousto vložené do úst. Kdyby po něm po jídle někdo chtěl, aby si vzpomněl na to, co jedl, bylo by pro něho velmi těžké na tuto otázku odpovědět. Zdálo se, jakoby jídlo nemělo žádnou chuť, protože chuť nebyla přijímána z jídla, nýbrž ze samotného stavu.

Právě takovou hostinu jsme tehdy uspořádali v Tverji.

Dodnes si ji každý pamatuje v důsledku zvláštní vnitřní síly, která z *Rebeho* vycházela.

/ SPOLEČNĚ! /

Uplynulo několik měsíců. Už si ani nevzpomínám, za jakých okolností jsme s Rabašem začali mluvit o Tverji.

A najednou řekl: „Pojeďme společně."

Byl jsem zmatený, nervózní – vždyť jsem si nic více ani nemohl přát. Vzpomínám si, že jsem před cestou celou noc nespal, stále jsem přemýšlel, jaké to tam bude, co bych měl udělat, abych *Rebeho* nezklamal, co připravit...

Příprav jídla se chopila moje žena. Olga se přimkla k Rabašovi hned, jakmile ho viděla poprvé. Její otec byl za Stalina tvrdě pronásledován. A když se objevil Rabaš, Olga mu předávala všechno teplo svého srdce, které nemohla poskytnout svému otci.

Nejvíce se to projevovalo v přípravě jídla. Rabaš několikrát řekl, že před jakýmkoliv jiným jídlem dává přednost tomu, co uvaří Olga. Protože do přípravy jídla vkládala srdce.

Zejména si oblíbil polévku, kterou Olga vařila podle jeho receptu. Do polévky se dávalo několik kusů hovězího masa, kuřecí stehno, brambory, nudle. Polévka musela být tak hustá, aby v ní stála lžíce.

Přinášel jsem ji Rabašovi ještě horkou, neboť jsme bydleli blízko sebe. On ochutnával, zavíral oči, najednou se oblízl a řekl: „Och, výborná!" Pak se posadil a napsal pro Olgu vzkaz. Olga měla spoustu lístků, na kterých jí děkoval. A o každém jídle jí posílal zvláštní záznam. „Sem přidej sůl," psal, „a sem pepř," a „toto jídlo je dokonalé."

Rabaš měl výjimečnou vlastnost nikoho neopomíjet, věnoval pozornost každému, ale především cítil ty, z nichž vyzařovalo teplo. Ti pro něho byli jako andělé, kteří přinášejí radost. A moje žena Olga se pro něho takovou stala.

/ STRACH /

Před cestou jsem byl velmi neklidný, měl jsem strach, že mi něco chybí, jako kdybychom jeli na neobydlený ostrov a bylo třeba předvídat naprosto všechno. Sbalil jsem ložní prádlo, knihy, kávu, vzal jsem různé jídlo, věděl jsem, že miluje obyčejné sledě, černý chléb, určitý sýr... Olga usmažila kuře, připravila karbanátky, nakrájela zeleninu.

Když jsme se konečně dostali do auta, vzpomínám si, že jsem se Rabaše zeptal, proč jsem před cestou tak znepokojen.

Odpověděl, že je to dobře, že ne nadarmo je prvním Přikázáním strach. Že on před svým otcem pociťoval stejné znepokojení a že se jedná o duchovní znepokojení – vždyť to není starost o sebe samého, nýbrž o to, zda se opravdu dokáži nad sebou pozvednout, sám sebe anulovat, zjistit, jak mohu pomoci svému Učiteli...

„Je to tak?" zeptal se mě a okamžitě sám odpověděl: „Nezáleží na tom, že to tak v našem světě vždycky není. Stejně se musíme snažit, abychom neustále žili pouze pro ostatní. Je to dobré znepokojení. Vyvolává Světlo."

Vždy jsem se snažil všechno zaznamenat do zápisníku nebo na magnetofon, který jsem měl neustále s sebou, ale Rabaš byl na těchto našich cestách nekompromisní. Žádné záznamy, žádné magnetofony!

/ HOTEL PRO DVA /

V Tverji jsme několikrát bydleli ve zchátralém hotelu Jicchaka Kellera, žáka *Rebeho*. Byli jsme tam jediní hosté.

Opuštěnými chodbami se proháněl vítr, vonělo to tam kořením, všude byly vrstvy prachu. A v noci se tichem nesl *Rebeho* hrudní hlas, dunivě se rozléhal chodbou a vycházel otevřenými okny do noci.

Já jsem seděl před *Rebem* jako malé dítě před otcem. A nemusel jsem se přetvařovat, neboť o mně věděl všechno – co mě pohání, jaké mám myšlenky, podněty, touhy. Někdy jsem ho donutil, aby mi o mně něco řekl, a on mi odkrýval takové črty mého charakteru, ke kterým bych se sám sobě nikdy nemohl přiznat – kdo opravdu jsem. Tyto vlastnosti bych já sám v sobě nikdy nerozpoznal, nikdy bych nedospěl ke stejným závěrům jako on.

Několik týdnů jsme jezdili do tohoto hotelu a pak Drori navrhl, abychom bydleli u něho. Právě v tom domku, který se navždy zapsal do mého srdce. Tam, kde se konaly zázraky, kde se pozvedávaly modlitby, které převracely svět. Zde jsem viděl skutečného Rabaše, naplněného jediným snem o Stvořiteli, oddaného jedinému velikému Cíli – odhalit Ho světu.

/ VYŘČENÉ ZŮSTÁVÁ /

Někdy lituji, že jsem naše rozhovory v Tiberii nemohl nahrát – bylo to něco neopakovatelného. Ale zároveň jsem se přesvědčil, nakolik se to, co říkal pro nahrávání, liší od toho, co bylo řečeno bez záznamu. Jak se v prvním případě omezoval a jak byl svobodný ve druhém.

Stejný byl i Ba'al HaSulam. On také nedovolil cokoliv zapisovat na lekcích. Rabaš musel vyjít ven, vzpomenout si na všechno, co v učebně řekl jeho otec, aby se z toho později zrodily veliké zápisky *Šamati* – „Slyšel jsem". Zápisky byly dokonalé a přesné, protože Rabašovo anulování se před otcem bylo totální, což znamená, že všechno bylo napsáno slovo od slova.

Na jedné straně psal Rabaš to, co řekl jeho otec, a na druhé straně věděl, že to, co bylo vyřčeno, nikdy nezmizí. Že všechny duchovní informace zůstávají. Nejednou řekl něco tak neobvyklého, velmi vysokého, „ne z tohoto světa", aniž by to vysvětlil.

Jednou k nám do Tverji přijel žák Rabaše, můj přítel Aaron Briezel, a Rabaš několik minut říkal slova, která jsme nedokázali spojit dohromady. Briezel dokonce nadskočil od toho, že nic nechápal. Okamžitě se zeptal: „Co jste říkal, *Rebe*?"

A on odpověděl: „To není pro tebe, je to kvůli tomu, aby to zůstalo ve světě."

Chápal, že žádná vyšší informace nezmizí, nýbrž čeká na dobu, kdy přijdou ti, pro které to bylo vyřčeno, a otevře jim srdce. A my také „uslyšíme" Rabaše a všechny velké kabalisty, kteří pro nás nashromáždili pokladnici myšlenek a odhalení, a nebudeme na to potřebovat žádné technické prostředky, ale jenom touhu slyšet.

/ VĚČNOST V TVERJI /

Takže jsme se v Tverji přestěhovali do starého jednopatrového domu ke Drorimu. Přístup k němu byl zarostlý trávou, ke vchodu jsme se museli prodírat po úzké pěšince. Byly zde dva pokoje. V jednom spal Rabaš, ve druhém já.

Všechno bylo prosté, nebylo tam nic zbytečného. Já bych však tyto dvě malé místnosti a věčnost, kterou jsem tam cítil, nevyměnil ani za nejdražší apartmá.

Přijeli jsme, vyložili si věci a já jsem uvařil jídlo. Najedli jsme se a hned jsme odjeli k horkým pramenům Chamej Tverja.[51] Rabaš šel na půl hodiny do obrovské lázně, ponořil se do horké vody a asi čtyřicet minut se prohříval – miloval teplo. Já bych tam nevydržel ani 20 minut. Pak se položil na lavici. Pořádně jsem ho ze všech stran zabalil do prostěradla a deky...

Rád se potil tak, aby z něho „všechno vyšlo". A hodně pil. Pil a potil se, pil a potil se. Přirozeně cítil, co je pro něho dobré, a co ne. Nebylo to násilné, bylo to velmi přirozené, jako kdyby hovořil s přírodou a přijímal právě to, co podporovalo harmonii. Byla to například očista těla, když se jeho póry vyplavily všechny nečistoty. A pokud je pro nás přirozené používat mýdlo, pak on ho nepoužíval nikdy – jednal v souladu s přírodou, myl se pouze vodou.

Nebudu popisovat vše, co se dělo dál, jak jsme jeli domů, co jsme jedli, ač si na všechno přesně pamatuji. Nejdůležitější je to, že všechno dělal s jedním cílem – vložit všechny své síly do výuky.

I odpočinek v Chamej Tverja i spánek i jídlo – on se však nikdy nepřejídal! Všechno to bylo pouze kvůli tomu, aby nebyla promeškána ani jediná minuta z 8–10 hodin výuky.

S tělem v podstatě zacházel velmi tvrdě. Celou dobu jsem si na to musel zvykat. Já jsem měl k tělu jiný přístup...

---

[51] Termální prameny (lázně) Chamej Tiberia se nacházejí na břehu jezera Kineret (Galilejské jezero) nedaleko města Tverje.

/ NECHŤ STRÁDÁ /

Několikrát za rok jsem měl kožní problémy. A to takové, že jsem někdy nemohl vstát z postele. Můj přítel Jaron, truhlář, mi udělal speciální obruč, která byla vztyčena nad mou postelí, a na ni byla položena přikrývka tak, aby se nedotýkala těla. Ležel jsem nesmírně ztrápený, moje tělo přestávalo dýchat, kůže se mi odlupovala v celých pruzích, prostě jsem ji bral a snímal. Celé tělo jsem měl pokryto vředy, míza vytékala ze všech pórů. Zkrátka, měnil jsem celou kůži...

A pak jsme během jednoho takového období šli s Rabašem parkem. Podařilo se mi vylézt z postele, ale samozřejmě jsem velmi trpěl tím, že se mne dotýkalo oblečení. Ale vstal jsem, protože nebylo možné, abych nešel.

Bylo to v zimě. Naštěstí foukal chladný vítr, zimní a prudký, pronikavý. Šel jsem rozhalený, rozepnutý, co nejvíce jsem se vystavoval chladnému větru. A přál jsem si, aby byl ještě chladnější, ještě více mrazil... Šel jsem se zavřenýma očima, občas jsem je otevřel a zkontroloval, kde je Rabaš... A najednou jsem spatřil, že se zastavil a díval se na mě.

Skrze nesmírnou bolest, ledva jsem mohl otevřít ústa, jako bych byl namazaný smůlou, jsem se Rabaše zeptal: „No, co se stane, *Rebe*?! Co bude?"

A tehdy ke mně přistoupil, chytil mě za ruku a s obrovskou bolestí řekl: „Nechť trpí! Nechť!"

To říkal o těle. A píchal do sebe prstem a štípal se až do bolesti.

A zároveň mu hořely oči jakousi radostí: „Michaeli, ty nemáš ani ponětí, kolik vyhráváš!"

/ PÁN NAD TĚLEM /

Tak žil. Od dětství byl vychováván tak, aby se ke svému tělu choval jako k cizímu. Proto na tělo ukazoval a říkal: „Nechť trpí!" Tělo!

Když hovořil o těle, vždy hovořil o egoismu. Těšilo ho, že toto své ego ponižoval.

Nebylo to na základě jakéhosi druhu masochismu, protože byl zároveň s tím sloučen s vlastností odevzdání. Tělo pro něho představovalo doplněk duše, který je od ní úplně oddělený.

Byl pánem těla i duše, ovládal obojí – egoismus těla i vyšší cíl duše jako dvě linie. A na jejich spojení stavěl třetí linii. A v tomto viděl sebe samého.

Tak musí žít člověk, který postihuje Vyšší realitu. Člověk, který se nachází v neustálém útoku. Byl takový. Útočil neustále.

To vše se v Tverji dělo před mýma očima.

/ ÚTOKY NA SVĚT /

V Tverji jsme studovali 8–10 hodin denně. Bylo to 8–10 hodin modlitby. Studovali jsme 16. část „Učení deseti *Sfirot*", „Bránu záměrů", dopisy Ba'ala HaSulama a samozřejmě články ze *Šamati*.

Tudíž to, co jsme prakticky nestudovali na lekcích se všemi. Až v posledních letech se Rabaš rozhodl, že to probere i ve skupině.

Kromě toho jsme četli „Tajný svitek", který kabalisté psali velmi skrytě, jenom pro sebe nebo pro ty, kteří chápali. O tom ještě nemohu nic sdělit.

Rabaš mi vysvětlil vybrané texty. Vybíral právě ty části, které jsou blízké duši, nejbližší k našim kořenům. Cítil je. Bylo to pro něho důležité, abych slyšel a nejen slyšel. Těmito texty mě čistil. Odřízli jsme se od celého světa, byli jsme bez telefonů, rozhovorů s cizími, seděli jsme naproti sobě a já jsem se snažil nepropást ani jediné slovo.

Hovořil, ze zvyku pokyvoval hlavou, měl zavřené oči... a najednou strnul a dlouho mlčel.

Co slyšel? O čem přemýšlel? Někdy se mi zdálo, že hovoří s Ba'alem HaSulamem, že ho slyší. Jistě to tak také bylo.

Večer jsme společně chodili na procházku.

Šli jsme pomalu, obvykle mě držel pod paží a tak jsme šli. Prošli jsme okolo výloh obchodů, kaváren, restaurací a sestoupili jsme dolů k jezeru. Někdy jsme hovořili, někdy jsme šli mlčky, on přemýšlel, já jsem kouřil, vždy jsem se bál ho vyrušit.

Když jsme se vrátili, rozestlal jsem postel, postavil mu na stolek vodu, uložil ho. Před spaním musel bezpodmínečně něco přečíst ze *Šamati*, po čtení vypnul světlo a okamžitě usnul.

Aby ráno začal nový útok.

/ MOHLI JSME PRORAZIT... /

Jednou dostala příležitost zaútočit i skupina. Bylo to během svátku *Sukot*[52].

My, celá skupina, jsme se připravovali na svátek. Postavili jsme *Suku* podle obzvlášť přísných pravidel Rabaše. On vše důkladně zkontroloval, prohmatal všechny spoje a byl spokojený. Celá byla vyrobena ze dřeva, bez jediného železného hřebíku, s obzvláště silnou střechou, která se vznášela nad stěnami *Suky* a téměř nepropouštěla světlo.[53]

Sotva jsme se únavou drželi na nohou. Panovala však přitom atmosféra svátku, vzestupu, jaký jsme předtím nikdy nezažili.

---

[52] *Sukot* (סוכות, dosl. stany) – svátek, který symbolizuje jedno ze stádií na cestě k duchovní nápravě, novému stavu. Příprava na svátek *Sukot* začíná stavbou *Suky* (*Suka*, סוכה, dosl. stan) – speciálního přístřešku, jehož hlavním prvkem je střecha. Střecha představuje *Masach*, clonu, která je zvláštní silou, jíž člověk obdrží, aby překonal své vrozené egoistické vlastnosti.

[53] Postavit *Suku* a zakrýt ji střechou – neznamená ji postavit jenom fyzicky, ale také ji postavit vnitřně. To znamená pozvednout duchovní hodnoty nad egoistické a učinit je nejdůležitějšími v životě. Stavba *Suky* je nad síly jednotlivce. Je nutná pomoc přátel, lidí z okolí. Proto si člověk na cestě k duchovnímu musí vybudovat takové okolí.

Při tomto svátku Rabaš na lekci podával zvláštní vysvětlení. Možná proto jsme byli vnímavější. Byl více emocionální než kdy jindy, nebyl skoupý na vysvětlení, vedl nás k útoku.

„Teď vycházíme z domu," řekl. „Zavíráme za sebou dveře, egoismus zůstal za dveřmi. Už se tam nevrátíme."

Naslouchali jsme mu se zatajeným dechem, následovali ho...

„Toto je první náprava, zkrácení svého egoismu, bez toho nemůže nastat žádný pokrok. Přecházíme do *Suky*, jsme připraveni žít po celou dobu v dočasném příbytku, v neustálých změnách, v péči o clonu. Tady, nad námi, je naše společná clona, jsme stále pod ní! A tehdy je to skutečný svátek! Pozvednout se nad svoje touhy, připodobnit se odevzdání, Stvořiteli, žít jakoby vznášejíce se ve vzduchu..."

Byli jsme rozrušeni, žili jsme v předtuše, že se něco stane... Něco takového, co jsme hledali po celý svůj život...

Ale dny plynuly... a my jsme chápali, že něco nefunguje...

Na pátý den svátku *Sukot* si vzpomínám naprosto přesně, dokonce i na to, že to bylo kolem 11 hodin dopoledne. Šli jsme podél mořského břehu a já jsem to už nemohl vydržet, tak jsem se zastavil a zeptal se Rabaše:

„Co nám chybí?! Co? Vždyť všichni tolik chtějí, všichni jsou tak soustředěni, jsme celý týden spolu, nevyšli jsme ze *Suky* a vy nám dáváte takové lekce! Co nám chybí k průlomu?!"

A on pocítil, že to není jen moje otázka, nýbrž otázka nás všech, a tak odpověděl: „Nedostává se útoku! Útoku! Prorazíme, pokud se spojíme."
A šel dál.
Večer nám dal nezapomenutelnou lekci. O tom, že jenom tehdy, když se národ sjednotil, opustil Egypt. Pouze když se národ spojil, mohl křičet ke Stvořiteli. Jenom když se spojili, překročili Rudé moře, vrhli se do neznáma. A jenom spojeni byli schopni se stát národem hory Sinaj, přijmout podmínku Stvořitele – buď se spojíte, nebo to bude místo vašeho pohřebiště.
„Pokud tyto podmínky přijmete," řekl, „můžete se narodit v novém světě."
... Nedokázali jsme tyto podmínky přijmout, nedokázali...
A to ve mně zanechalo nehojící se ránu v srdci.

/ MOJE ODHALENÍ /

Od tohoto nezapomenutelného svátku *Sukot* a od našich pobytů v Tiberii uplynulo mnoho let. Dnes velmi jasně chápu, že ani jedna otázka, kterou jsem položil, nevycházela ze mne, ale z něho, ani jeden řádek, který přečetl, nebyl přečten pro mě, ani jedno jeho vysvětlení nebylo určeno mně.

Stávalo se to zvláště v Tverji. Bylo to takové „přelévání krve", když mi předával sílu, abych nepodlehl žádnému jinému vlivu, abych s ním zůstal až do konce. A byl s ním spojen i po jeho odchodu.

Zdokonaloval na mně svou metodiku, která je pro „poslední generaci"[54] nezbytná stejně jako vzduch. Poslední generace již přišla. Sice ještě nepochopila, že je „poslední", ale Rabaš to věděl, a proto pospíchal. Završoval celý tento řetězec – od Abraháma přes všechny generace velkých kabalistů až po současnost.

Cítil jsem to. A opravdu jsem chtěl být alespoň trochu jako on.

---

54 Poslední generace (*ha-Dor ha-Acharon*, הדור האחרון) – generace, ve které začne proces nápravy přirozeného lidského egoismu.

/ MŮJ POROD /

A čím bych se mu mohl alespoň trochu rovnat? Věděl jsem, jak Rabaš touží po tom, aby kabala byla odhalena všem, a proto jsem již dlouho přemýšlel o knize. Zeptal jsem se ho: „Mám se do toho pustit, nebo ne?"

„Určitě. Jsi povinen ji napsat," řekl, „a já ti se vším pomohu." A poté se často ptal: „No, jak se ti daří kniha?"

A ona se ve mně rodila jaksi přirozeně, jako kdybych ji nosil ve svém lůně. Koneckonců jsem zapsal téměř všechno, co Rabaš řekl, měl jsem v hlavě plno kreseb, které mi pravidelně opravoval. Už jsem mohl stručně popsat a načrtnout celý systém světů.

Dnes mě obviňují, že kabalu odhaluji všem, že učím každého, že pro mě není důležitá ani národnost, ani věk. Říkají, že by to Rabaš nedovolil. Jaký nesmysl!

Ano, narodil se v ortodoxní rodině, ano, celý život žil v náboženských kruzích, ale stejně jako jeho otec, Ba'al HaSulam, uvažoval ve světovém měřítku. Věděl, že právě nastává doba, kdy se kabala otevře všem, připravoval mě na to, a proto mě plně podporoval ve psaní knih v ruském jazyce. Byl si dobře vědom, že se v Rusku budou šířit nejen k Židům, ale vůbec ho to neznepokojovalo.

Když ve mně kniha konečně dozrála, posadil jsem se a napsal jsem ji přesně za dva měsíce. Rozdělil jsem ji do tří malých knih. Vychrlil jsem všechno, co mi leželo na srdci, protože jsem si uvědomil, že kdybych to nenapsal, praskl bych napětím.

Právě takto jsem jí porodil, jinak se to nedá říci.

A pak, když už byly knihy napsány a vytištěny, přinesl jsem je Rabašovi a radoval se z toho, jak si je prohlížel, jak kontroluje kresby. Seděl s cigaretou v zubech, hlavu nakloněnou na stranu a listoval v knize a listoval.

Pak se zeptal: „Kolik kusů vytiskneš? Jakou cenu stanovíš?"

„Já bych ji prostě rozdával," řekl jsem.

„Ne. Je potřeba jí prodávat, a ne levně. Dej průměrnou cenu," odpověděl Rabaš.

To jsem také udělal.

Dokud jsem psal knihu, cítil jsem se na vzestupu. Jakmile se ze mě dostala ven, měl jsem pocit, jako bych vypustil vzduch. A to přestože

jsem chápal, že jsou pády nezbytnými stavy na naší cestě. A byl jsem na ně dokonce připraven.
Nepomáhá však nic.

/ MOJE PÁDY /

Jak přicházely? Nečekaně. Náhle se narušila nesporná velikost Rabaše. Bylo to jako pád z veliké výšky.
 A to jsem si myslel, že jsem na ně připravený, „přikrytý" Rabašem.
 Ale právě když přichází pád, nic nefunguje. Je to pád do mínus nekonečna.
 Na jeden z nich nikdy nezapomenu. Byl jsem tehdy na Rabaše velmi uražen. Seděl jsem doma a nebyl jsem sto k němu přijít.
 Teprve později mi řekli, že Rabaš překvapeně stál uprostřed našeho učebního sálu, rozpřáhl paže a opakoval: „Takto opouštějí přítele?!"

To o mně mluvil jako o příteli, o mně! Že jsem ho opustil!
Když jsem to slyšel, byl jsem z toho úplně ohromený, pomyslel jsem si: „Proč mi to neřekli hned, všeho bych nechal a vrátil se

k němu!" Nyní však chápu, že i kdyby řekli, stejně bych se nedokázal pozvednout nad svou urážkou, nedokázal bych přijít.

Tak jsem ležel doma. Týden jsem nevyšel ven. Fyzicky jsem byl zdravý, silný muž, přesto jsem se cítil jako „hadr". Nemohl jsem se přemoci, prostě to nešlo.

A najednou volá Rabaš: „Co je s tebou, Michaeli?"

„Nemohu vstát."

„Teď vstaň a pojď!"

„Nemohu!"

„Přijď!"

„Nemohu vyjít z domu."

Najednou jsem začal plakat. Nevzpomínám si, kdy jsem naposledy plakal, ale teď nemohu zadržet slzy! „*Rebe*, nemohu se pohnout!" říkám.

A pak je slyšet jeho klidný hlas: „Michaeli, slyšíš mě?"

„Ano."

„Dnes večer tě čekám. Posedíme, uděláme hostinu. Rozumím ti."

Večer ke mně přišli chlapci, poslal je pro mne a odvedli mě na hostinu. Rabaš mi nalil sklenici whisky a řekl: „Teď jsi stejný ‚hadr'[55] jako já. To je dobré. Pij."

Napil jsem se.

Byla to naše obvyklá tichá hostina s vnitřní modlitbou a já už jsem pocítil, že jsem s nimi. Zabralo to! Jsem jiný!

Druhý den jsem již jako vždycky seděl na ranní lekci vedle Rabaše a on mi ani slovem, ani jiným náznakem nepřipomněl minulost.

---

[55] Koncept „hadr" má mnoho složek: sám nejsem schopný ničeho, jsem závislý na Stvořiteli, jsem rád, že jsem to odhalil. Tímtéž získávám jak počátek, tak i konec činu a do každého činu musím vložit úsilí, abych se dostal do konceptu „hadr" a poté se přimknul ke Stvořiteli a zavázal Ho, aby něco udělal.

Stav „hadr" tedy přichází po všem úsilí, podle principu „pracoval – a našel". Toto je poslední etapa, důležitá etapa, na které chápu: nic víc nemám, jsem naprosto „vyždímaný", bezmocný, zbaven energie, vysílený – a jsem povinen přijmout sílu ze Světla.

Nedokážu se sám napravit, sám nemohu nashromáždit nezbytné detaily vnímání, ale mohu od skupiny převzít touhu, která je pro úsilí nezbytná. Zůstal bych na „živočišné" úrovni navždy, kdyby mi Stvořitel neposkytl možnost se pozvednout až do tohoto vysokého stupně, o kterém píše Ba'al HaSulam. (Z blogu Michaela Laitmana.)

/ ANULOVÁNÍ SE PŘED UČITELEM /

To je to nejdůležitější. Po celý život vedle Rabaše jsem si to vyjasňoval. Aby bylo možné od učitele přijímat, je nutné se před ním anulovat. Je to nezbytná podmínka.

Vzpomínám si, že jsem jednou vezl domů Mošeho Ašlaga, Rabašova bratra. Cestou jsme spolu rozmlouvali. Bylo to krátce poté, co jsem přišel k Rabašovi. Najednou Moše pronesl větu, která ve mně utkvěla navždy. Řekl: „Nic jiného ti nepomůže. Musíš se přimknout k *Rebemu*."

Toto slovo „přimknout" mne nenechávalo na pokoji. Snil jsem o vrcholu spojení mezi mnou a Rabašem, stále jsem se o to snažil. Nejednou jsem s ním o tom hovořil, zejména v Tverji. O spojení „od srdce k srdci". A slyšel jsem stále stejnou odpověď – úplné anulování před Vyšším, společná clona, když dospělý sestoupí na úroveň dítěte a zanechá v tobě otisk duchovního.

Musíš se anulovat, „vejít" do Učitele, postupovat naprosto podle jeho pokynů a on v tobě vytvoří další stav. Stejně jako je dítě přikládáno k hrudi, přesně tak se musíš anulovat i ty, otevřít ústa a přijímat od Učitele.

To je to, co jsem pochopil, co jsem zakusil na sobě a jasně pocítil.

Vzpomínám si, jak jsem zpočátku hledal možnost být vedle Rabaše neviditelným, snil jsem o tom, že vstoupím do jeho „jeskyně" a usednu vedle něho. Ale později to bylo těžké, poněvadž egoismus neustále rostl. A anulování se stávalo stále obtížnějším, protože si Učitel již přál dát více.

/ KDYŽ PŘICHÁZÍ „NOC" /

Ještě dnes, když přichází „noc"[56], si vždy vzpomenu, že Rabaš byl jako skála. Skála! A když v sobě vyvolávám pocit sounáležitosti s touto skálou, získávám sílu. To on mi ji dává! A pokud ne sílu, pak alespoň trpělivost.

A bez toho bych samozřejmě nemohl pokračovat.

---

[56] „Noc" znamená, že najednou zmizí touha, přijde lhostejnost, vytratí se chuť. Začne pro nás být obtížné naslouchat o práci člověka při své nápravě, otravuje nás znovu a znovu hovořit o lásce k přátelům a o spojení. (Z blogu Michaela Laitmana.)

Viděl jsem člověka, který za duchovní odhalení vyměnil celý svůj život, který tomuto cíli obětoval každý okamžik a sebe samého.

Nestávalo se, že by měl Rabaš nějaký problém, vnější či vnitřní, o kterém by dlouho přemýšlel, a až poté nějak reagoval. Reagoval okamžitě ze svého nitra spolu s naprostým vnějším klidem. Jednou – a to bylo vše! A šel dál. Bez jakýchkoliv pochybností.

Ukazoval mi, co je to skutečná práce. Být kolečkem v systému bez veškerého uvažování! Napravit se nakolik, abys postupoval vpřed stejným směrem jako celý systém.

Toto se nazývá „otrok Stvořitele".[57] Ano, měla by existovat analýza, rozhodnutí, přijetí rozhodnutí, ale to vše se děje na takových frekvencích, takovým tempem, že se prakticky spojí začátek a konec.

Právě takový byl Rabaš.

/ CHYBA /

Právě tak jsme ho viděli a přáli jsme si být jako on – celá naše skupina.

Proto jsme spěchali a dělali chyby.

Vzpomínám si, jak někteří z nás podněcovali skupinu, abychom začali vytvářet komunitu.

Já jsem se tomu bránil. Považoval jsem to za nepřirozené a předčasné. Přestože jsem chápal, že jsou jejich záměry dobré, stejně jsem byl proti tomu.

Bylo mi řečeno: proč se učíme kabalu, proč studujeme články Rabaše o lásce k bližním, proč se nazýváme druhy, bratry?!

Stručně řečeno, rozhodli se začít od toho nejjednoduššího, jak si mysleli – vložit všechny mzdy do jedné pokladny a peníze rozdělit rovným dílem.

---

[57] Otrokem je ten, kdo vykonává úmysl svého pána, aniž by se do tohoto úmyslu nořil, aniž by ho pochopil, a dokonce ho ani nechce pochopit. „Věrný otrok" znamená, že je na sto procent rád, že přijímá velení a může vykonat pokyn přesně podle přání Pána – v čisté, úplné, dokonalé formě, bez jakéhokoliv zasahování svého rozumu se stát orgánem, který vykonává příkazy a je spojen s mozkem Pána. Chci se napravit natolik, abych se stal kolečkem pohybujícím se v souzvuku s Vyšším systémem bez jakéhokoliv zaváhání! Toto se nazývá „otrok Stvořitele" – čili úplná náprava člověka. Tímto způsobem plně postihuji Jeho – systém a sílu, která systém ovládá.

Druhý den po shromáždění přátel jsme se procházeli s Rabašem a já jsem mu o tom řekl, nemohl jsem si pomoci.

Takovou reakci jsem však nečekal.

Zastavil se uprostřed ulice, zrudnul a znovu se zeptal: „Co?!"

Když jsem mu to opakoval, koktal jsem, jelikož jsem ho takto rozrušeného již dlouho neviděl.

„Abychom projevili lásku k přátelům," začal jsem.

„Kdo vám dal právo to udělat?!" vykřikl.

A teprve tehdy jsem si uvědomil, že se stalo něco hrozného. Blábolil jsem: „Co se dalo dělat? Všichni se rozhodli..."

„Kdo rozhodl?!"

„Všichni."

Prudce se otočil, vykročil pryč a pak se náhle zastavil a řekl mi: „Nebudu do toho zasahovat, co jste si nadrobili, snězte si sami!"

Okamžitě jsem se vrátil zpátky k chlapcům a ihned jsem jim pověděl o reakci Rabaše. A my jsme všechno zastavili.

Později jsem přemýšlel o tom, jak jsme byli slepí, jak jsme mohli učinit takové rozhodnutí, ačkoliv jsme dobře věděli, jak končí všechny tyto revoluce. A obzvlášť já. Vždyť jsem tím vším prošel, zažil jsem to na vlastní kůži, viděl jsem, co to znamená, když se egoisté rozhodnou žít v bratrské lásce, a v důsledku toho vše zalévají krví. Vzhledem k tomu, že nepochopili lstivost egoismu, neudělali dlouhou a důkladnou přípravu, nevychovali novou generaci... Neuspěli, selhali.

Ani my bychom neuspěli. Rabaš toto selhání skupiny, do které vložil tolik úsilí, předvídal. Předvídal nenávist, která by nás určitě roztrhla. Viděl, že ještě nejsme připraveni se nad ní povznést k lásce.

Vylekali jsme se. Všechno jsme přerušili. A díky Bohu.

Došlo k tomu, že iniciátoři, ti, kteří toto řešení prosazovali, za pár týdnů sami opustili skupinu. Byli prostě vystrčeni Shora...

... Bouřlivý týden skončil a my jsme opět jeli do Tverji.

Po cestě jsme se téměř vždy zastavovali v Meronu[58] u hrobu Rašbiho.

---

[58] Hora Meron (hebr. הר מירון, *Har Meron*) – nejvyšší hora v Galileji nedaleko města Safed.

/ SÍLA RABAŠE /

Místo, kde byl pohřben Rašbi, bylo pro Rabaše něčím neobyčejným. Viděl jsem, že byl vždy dojat tím, že sem mohl přijít, dotknout se kamene, sám pro sebe si říci několik slov.

Nikdy neřekl nic nahlas, neotevíral Žalmy ani modlitební knihu jako všichni ostatní. Vždy se soustředil do své vlastní hloubky a takto stál několik minut a já vedle něho.

Někdy se zeptal: „Nu, pocítil jsi něco? Co jsi pocítil?"

Dělil jsem se s ním o své dojmy a viděl jsem, jak daleko ještě k němu mám.

Jednoho dne jsem však u Rašbiho hrobu viděl jiného Rabaše. Bylo to o svátku *LaG ba-Omer*.[59]

Rabaš měl každý rok menší touhu sem jezdit během svátku. Jednalo se o to, že se sem během svátku *LaG ba-Omer* sjížděly stovky tisíc lidí. Dříve tomu tak nebylo. Nyní z tohoto místa udělali kult. Vnitřní skromnost a ticho u Rašbiho hrobu vystřídal vnější hluk, prodejci, „valily" se sem masy lidí, aby se mohly dotknout hrobu, koupit si *Chamsu*[60], *Mezuzu*[61], vylepšit si život...

Dostat se ke hrobu nebylo snadné, vyžadovalo to notnou dávku drzosti a ostré lokty.

Naposledy jsme sem ve svátek přijeli v roce 1984.

Vzpomínám si, že jsme se ke hrobu Rašbiho probíjeli „zápasíce" o každý metr. Vzali jsme to prostě útokem. Šel jsem před Rabašem tváří otočen k němu, držel jsem ho za ruce a zády jsem před sebou

---

[59] *LaG ba-Omer* (ל"ג בעמר, 33. den v *Omeru* – dosl. snopu, jenž je obdobím 49 dnů od prvního dne svátku *Pesach* až po předvečer svátku *Šavu'ot*) – svátek zasvěcený rabimu Šimonu bar Jochajovi (Rašbimu), autorovi stěžejní kabalistické knihy – Knihy *Zohar*.

[60] *Chamsa* (hebr. חמסה) – ochranný amulet ve tvaru dlaně, který používají Židé a Arabové.

[61] *Mezuza* (hebr. מזוזה, dosl. veřej) – zvláštní pouzdro, které se připevňuje na pravou zárubeň dveří židovského obydlí a do kterého se ukládá pergamenový svitek (*Klaf*, קלף) vyrobený z kůže „čistého" zvířete. Na svitku jsou ručně zapsány dva úryvky Tóry, jež jsou součástí modlitby *Šma Jisra'el* (Slyš, Izraeli). Oba jsou z páté knihy Mojžíšovy. První výrok hlásá: „Slyš, Izraeli, Hospodin je náš Bůh, Hospodin je jeden."

rozhrnoval dav, pokoušel jsem se jej odtlačit. Nějakou dobu se to dařilo, ale blíže ke hrobu jsem musel zastavit. Opřel jsem se o někoho zády, tlačil jsem ze všech sil, ale cítil jsem, že se nehnul ani o milimetr.

Když jsem se obrátil, ukázalo se, že je to podsaditý muž, který nechtěl slyšet žádné přesvědčování. Snažil jsem se ho odtlačit, snadno mě však zadržel, dokonce úmyslně a s úšklebkem. A já jsem pochopil: je to marné, neprorazíme.

A najednou jsem slyšel, jak mi Rabaš říká: „Běž na stranu."

Sám mě odstrčil na stranu, natáhl ruku, uchopil toho chlapa za rameno a otočil ho k sobě.

Jakmile se muž otočil, už byl připraven k boji. A najednou spatřil Rabaše a zbledl.

Oči mu vylézaly z důlků. A začal křičet strachy! „A-a! A-a!" Bylo v tom něco divokého. Dokonce strachy koktal. Najednou zvedl ruce, aby se odrazil dál od Rabaše... Ale nešlo mu to, bylo tam velmi těsno, všichni byli natlačeni jeden na druhého. V panice křičel, vyl!...

A nebylo to tak, že by ho Rabaš silně popadl. Viděl jsem, že se ho jenom dotkl. V pohledu Rabaše však bylo něco, co ho odrazilo.

Co mu tím pohledem Rabaš předal, nevím. On však uskočil jako opařený a všichni kolem se náhle rozestoupili. A před námi se otevřela cestička k náhrobku Rašbiho. Rabaš přistoupil k hrobu, položil ruku na kámen, krátce tam postál a odešel.

Nyní si vzpomínám, jak všechno kolem ztichlo, když tam tak stál.

Vyšli jsme a Rabaš šel beze slova k autu.

Rabaše jsem poznával neustále, každý den, každou hodinu. A chápal jsem, že tyto objevy nikdy neskončí a že nikdy nebudu moci říci: „Znám Rabaše."

/ RABAŠ A STRACH /

Brzy jsem se opět přesvědčil, jak málo ho znám. Odjeli jsme z Tverji brzy, pospíchali jsme, abychom přijeli včas na lekci, chlapci čekali v Bnei Braku. A jak jsem hovořil s *Rebem*, pravděpodobně jsem špatně odbočil.

Dívám se na silnici, vidím neznámá jména, jsem překvapen, ale jedu. A najednou se před námi otevře celé arabské město s ulicemi, obchody a s... Araby.

Všude kolem samí Arabové. A byla to tehdy neklidná doba, připravovali se na intifádu (povstání). A my jsme se ocitli v jejich městě, dva vousatí muži v černých pláštích s klobouky, zkrátka se vším, co je stanoveno.

A vidím, jak se na nás všichni náhle otáčí, zastavují se a ukazují na nás prsty.

Někdo už běží za autem, někdo vedle auta a já vím, že jim teď vůbec nic nebrání v tom, aby nás zastavili, zatáhli někam do postranní uličky nebo nás ukamenovali přímo tady.

Věděl jsem, že se to může stát naprosto jednoduše. Když jsem byl v armádě, sloužil jsem v Šechemu[62]. Neodvažovali jsme se tam vycházet beze zbraně.

A už jsem slyšel, že na sebe něco křičí a mají takový zvířecí... pohled... A pak ta myšlenka: „*Rebe* je tu se mnou, co mám dělat?"

Podívám se na něho. A vidím, že je úplně klidný. Na jeho tváři nebyla kapka vzrušení. A ještě mi říká: „Zajímavé místo, nikdy jsem tu nebyl. Nespěchej. Jeď klidně."

Ubral jsem rychlost, jako na povel. A oni běží vedle nás...

Rebe mi však předával takový klid, jako by je vůbec neviděl. Ale já je vidím! Vidím, jak se vpředu shromažďuje dav. A je mi jasné, že nás teď zastaví... Co udělat?

A najednou vyrazil ze zatáčky autobus a ukázalo se, že je to náš autobus společnosti Eged[63]. Okamžitě jsem se za něho přilepil. Kličkuje – já také, stoupá do kopce – já za ním... Tak jsme vyjeli z města.

---

[62] Šechem (hebr. שכם) – Město na Západním břehu řeky Jordán v palestinské samosprávě.
[63] Autobusové sdružení Eged (hebr. אגד) je největší autobusovou společností v Izraeli.

Jakmile jsme opustili město, zastavil jsem auto, posadil jsem se a zapálil si cigaretu. Třásl jsem se, chvěly se mi ruce. A upřímně jsem řekl: „*Rebe*, byl jsem vyděšený!"

„A já ne," říká *Rebe*.

„Jak to, že ne?!" ptám se.

„Byl jsem si jistý, že se nic nestane," říká.

Jak je to možné? Dívám se na *Rebeho*, je klidný, dokonce se usmívá.

„No, představ si, co si tak asi mysleli, když nás viděli?" říká.

„Že je třeba nás ubít!" říkám.

„Ne, mysleli si, že když k nim přijeli dva lidé, jako jsme my, znamená to, že přijeli kvůli nějaké důležité záležitosti, možná chtějí hovořit s nějakým naším mudrcem, možná je pozval náš imám[64]," říká vážně a kývá na mě: „tak-tak."

Pak jsem si uvědomil, že si nic takového nemyslel, že mě jenom uklidňoval. Prostě měl ke strachu úplně jiný postoj.

Když existuje spojení se Stvořitelem, nemáš strach.

Na Rabašovi jsem viděl, jak to funguje. Jak všechno, co se dělo, okamžitě spojoval se Stvořitelem, se sebou samým, s celým světem tak,

---

[64] Imám – titul vysokého duchovního v islámu.

aby neexistoval žádný rozdíl. A v této jednotě se ztrácely všechny pochybnosti a obavy. Když všechno pochází od Stvořitele, když si uvědomíš, že příčina všeho, co se děje, je přivést tě ke sloučení s Ním, pak o jakém strachu hovořit?

Tehdy v autě Rabaš vytáhl svůj modrý zápisník *Šamati* a otevřel jej přesně na potřebné straně. Byl to článek „Bázeň a strach někdy ovládnou člověka". Již několikrát jsem četl, co řekl Ba'al HaSulam:

> *Když k člověku přichází strach, měl by vědět, že jedinou příčinou je samotný Stvořitel...*[65]

Tak žil Rabaš. Ne ve strachu, ale v rozechvění před Stvořitelem. A nepřestával jsem se divit, že toto spojení může být trvalé.

Chtěl jsem žít stejně.

/ NEPŘEDVÍDATELNÉ /

A pak se stalo něco nečekaného.

Vrátili jsme se z Tverji a chtěli jsme tam koncem týdne jet znovu. Účastnili jsme se spolu nějaké malé hostiny, už si nevzpomínám jaké. Moje žena Olga s dcerami byly nahoře, ve druhém patře, se ženami a s manželkou Rabaše Jocheved.

A najednou vidím Olgu a okamžitě si uvědomím, že se něco stalo. Křičí na mě z druhého patra rusky: „Míšo, pojď nahoru! Rychle!"

Všichni se na mě podívali – nikdo neuměl rusky. Řekl jsem: „Musím jít nahoru." A hned jsem tam utíkal.

Když jsem tam vyběhl, viděl jsem, že *Rabanit* leží na podlaze a nehýbe se. Ale měla otevřené oči, dýchala. Jenom se nemohla pohnout.

Jak se potom ukázalo, prodělala mozkovou mrtvici!

Ve skupině jsme měli doktora, okamžitě jsem ho zavolal a zatím jsem nikomu nic nevysvětloval. Vykřikl jsem: „Doktore, pojď sem honem!"

Doktor vyběhl nahoru a okamžitě všechno pochopil.

A tady jsme udělali chybu.

Doktor řekl: „Pojďme ji přenést na pohovku." V takovém případě se s člověkem nesmí vůbec hýbat. Přenesli jsme ji na pohovku a já

---

[65] *Šamati* (Slyšel jsem), Článek 138.

jsem se chystal zavolat Rabaše. On se však objevil sám. Viděl všechno a... mlčel.

Strnule, opatrně prošel do rohu místnosti, posadil se a už z ní nespustil oči. Mlčky sledoval, co děláme. Velmi ostražitě, s rozechvěním, bez jediného slova. Nikdy nezapomenu, jak se na ni díval. A ona na něho... Zdálo se, jako by ho uklidňovala, ale on už všechno pochopil.

Dorazila záchranka a odvezla *Rabanit* do nemocnice.

/ RABANIT JOCHEVED /

Rebe svoji ženu velmi miloval. Prožil s ní 64 let. Byla o rok nebo dva starší než on a pocházela z velmi známé jeruzalémské rodiny. Byli to starousedlíci z Jeruzaléma, takzvaná „urozená šlechta". Jejich rodina v tomto městě žila po sedm generací.

Rabanit Jocheved byl vysoká, krásná, chovala se důstojně.

Znal jsem ji velmi dobře. Měli jsme mezi sebou jakési vnitřní spojení. Možná mne vnímala jako syna proto, že cítila, že jsem se k Rabašovi choval jako k nejbližšímu člověku, jako syn k otci. Každý *Šabat* nám posílala rybu, nikdo jiný ji nedostával, jenom moje rodina.

Měla pevný charakter pravé rodačky z Jeruzaléma.

Rebe ji miloval, vážil si jí a lehce se jí podroboval.

Věděl jsem, jak jsou navzájem svázáni, i když byli tak odlišní. Ale to, co jsem viděl tehdy v nemocnici, mne ohromilo.

/ V NEMOCNICI /

Viděl jsem, jak se o ni Rabaš staral.

ADMOR, vážený člověk, velký kabalista, učitel – se o ni staral s takovou něhou, s takovou péčí a obezřetností jako o nemluvně. Já jsem si něco takového nedokázal ani představit. Jakmile jsem to viděl první den, byl jsem z toho naprosto ohromený a ani pak jsem si na to nemohl zvyknout.

Postupem času se jí vrátila řeč, hybnost některých částí těla, nohou však nikoliv.

Přicházely za ní její dcery, pobývala u ní moje žena i Feiga, ale během celých těchto čtyř let s ní od večera a po celou noc zůstával jenom Rabaš. Staral se o ni, poklízel, krmil ji, dával jí pít, nehnul se od ní ani na krok. Cítil, že potřebuje právě jeho. Měli mezi sebou neuvěřitelné vnitřní spojení.

Mnohokrát jsem se přesvědčil, jak se dokázal anulovat do nepochopitelného, neskutečného stavu, jak se dokázal plně odevzdat, a to natolik, že jakoby vůbec neexistoval.

A ty se na to díváš a chápeš, jaký jsi před ním Pygmej, jak ty jsi sám od něčeho takového tak daleko, že se k tomu nejsi schopen ani trochu přiblížit, jsi jen ohromen touto výškou.

Byla to opravdová láska. Ne naše, pozemská, zcela egoistická. Oddaná láska – dvou krásných lidí.

/ LÁSKA /

Láska je výše egoismu člověka.

S Rabašem jsme o tom téměř nemluvili, ale toto je jeho věta: „Láska je domácí zvíře, které roste na základě vzájemných ústupků..."

Takto žili s Jocheved. Budovali lásku ve dvou rovinách. V jedné rovině byly spory a neshody mezi nimi.

Opakuji, že byli velmi odlišní: jeruzalémská aristokratka, vychovaná v ortodoxním duchu, a on – kabalista.

A druhá rovina byla spojením, které stavěli nad všemi protiklady. To se nazývá „všechny hříchy pokryje láska".

Při pohledu na ně bylo jasné, že pouze tímto způsobem se dva lidé mohou spojit v dobrém, silném, zdravém, skutečně lidském svazku.

/ ODLOUČENÍ /

Rabanit Jocheved zemřela o čtyři roky později. Nemohla se zotavit z mrtvice.

Bylo to v 11 hodin v noci. Zavolali mi domů a řekli: „Michaeli, musíš přijít! Nevíme, co dělat s *Rebe*."

Přijel jsem hned. Rabaš ležel ve svém pokoji, naproti stála prázdná postel.

Vešel jsem dovnitř, posadil jsem se vedle něho a zeptal se: „Chcete něco říci ostatním?"

Odpověděl: „Ne."

Dlouho mlčel, a já jsem nechtěl přerušit jeho mlčení. Tak jsem také tiše seděl stranou. Za dveřmi byly slyšet ženské hlasy.

Rabaš řekl: „Michaeli, co chtějí? Jdi se jich zeptat."

Vyšel jsem k jeho dcerám a ony řekly, že chtějí objednat autobus do Jeruzaléma a jet na Horu odpočinku.[66] Vrátil jsem se k Rabašovi, řekl jsem mu o tom. Byl překvapen: „Proč na Horu odpočinku? Nač Jeruzalém?! Nevidíte za oknem hřbitov? 300 metrů od domu. Pojďme ji pochovat tady."

Nebylo to opovržení k manželce. Takový byl jeho postoj ke všemu vnějšímu. Ale dcery to samozřejmě nepochopily. Byly pohoršeny: „Naše matka bude pochována v Bnei Braku, a nikoliv v Jeruzalémě? Urozená Jeruzalémka! To je nemožné!"

A pak mi *Rebe* řekl: „Nebudu se do toho míchat. Ať si dělají, co chtějí."

Jocheved byla pohřbena v Jeruzalémě.

---

[66] Har ha-Menuchot (hebr. הר המנוחות, Hora odpočinku) je centrální židovský hřbitov v Jeruzalémě.

/ RABAŠ MNE OPĚT OHROMUJE /

Celých sedm dní po pohřbu Jocheved *Rebe* mlčel, byl ponořen do sebe, přemýšlel. Když skončila *Šiv'a*, opět mě ohromil jako již mnohokrát.

Ukázal, co to je, když se držíš jen Cíle, vidíš pouze Cíl, směřuješ pouze k němu. A jsi oddán jenom jemu. Nad rozumem, nad pocity, nad postoji tohoto světa, nad vším.

Přistoupil ke mně a řekl: „Pomoz mi najít ženu."

Stál jsem překvapený, nevěděl jsem, co mám odpovědět, nereagoval jsem okamžitě.

A on pokračoval: „Nemám na výběr. Musím udělat *Chupu*[67]."

Tehdy jsem již chápal duchovní kořen tohoto požadavku. Věděl jsem, že kabalista musí být ženatý, ale nemyslel jsem si, že se Rabaš rozhodne okamžitě.

On a Jocheved byli nerozluční v radosti i v zármutku, Jocheved odešla a já jsem si myslel, že by měl uběhnout nějaký čas, tak rok, dva... ale ne. Nemohl čekat, neměl na to právo.

Požadavek být ženatý, třeba jen formálně, byl pro něho výše všeho, protože to byl požadavek Vyššího.

A tak, téměř na konci svého života, Rabaš ve svém životě učinil nový zvrat...

Po dlouhém hledání se stala jeho druhou manželkou Feiga, která se starala o Rabašovu manželku a ve které Rabaš viděl velmi oddanou žačku. A on stejně jako předtím, opět ukázal, že je připraven na jakoukoliv revoluci bez ohledu na to, co říkali lidé, co si mysleli, jak se na to dívali. Jednalo-li se o Cíl, byl připraven na cokoliv.

Ale o tom až jindy.

---

[67] *Chupa* (חופה) – svatební baldachýn, pod kterým se koná svatební obřad. V kabale je *Chupa*, tj. clona a Odražené světlo, symbolem sloučení se Stvořitelem.

/ RABAŠ SLÁBNE /

Uplynul další rok. Každý den strávený s Rabašem byl osobitý. Být s ním pro mne bylo největším štěstím. Samozřejmě jsem chtěl, aby to tak bylo navždy. Ale chápal jsem, že se budeme muset fyzicky rozdělit.

Snažil jsem se na jeho smrt nemyslet... Ale jednou jsem se opravdu vyděsil...

Rabašovi bylo už 85 let a najednou začalo být zjevné, že „běhající *Rebe*", jak ho nazývali v Bnei Braku, už nebyl „běhajícím".

Celé léto jsme jezdili k moři a celé toto léto se nekoupal. Čekal jsem na něho, abychom šli spolu do vody, ale řekl mi: „Jen jdi, nečekej na mě."

Obvykle chodil první. Hazardérsky udělal svých čtyři sta temp, ale teď jsem plaval sám. Stále jsem se na něho ohlížel. Z dálky na mne mával rukou a pořád chodil. Chodil po pláži a celou dobu přemýšlel o čemsi svém vlastním.

Jakoby už opustil sám sebe. Byl smířený. A já tomu nerozuměl. Uzavíral se před jakoukoliv léčbou. Předtím to nikdy nedělal. Obvykle šel bez reptání k lékařům, plnil všechny jejich pokyny. A teď jsem najednou zjistil, že začal vylučovat krev. Měl jsem o něho strach. Když jsem mu to řekl, zvláštně se na mne podíval a odpověděl: „Není to nic strašného".

Řekl jsem mu: „Ale, *Rebe*..."

On však rozhovor uťal: „Dost! Nechci o tom mluvit!"

A pamatuji si, že mávl rukou tak, jako kdyby říkal: „Běž pryč, nech mě být."

Věděl jistě, že odchází.

Cítil to, naprosto jasně to cítil. A já si myslel, že to přejde.

Nechtěl ani, abychom mu koupili *Etrog*, *Lulav*[68] na svátek *Sukot*, nechtěl dělat nic předem.

Přiblížil se svátek *Roš ha-Šana*[69] a za ním *Sukot* a on již ani nehovořil o přístřešku *Suka*. Věděl jsem, jakou úctu tomuto svátku projevoval, jak potřeboval sledovat stavbu *Suky* do nejmenších podrobností, jak se o stavbu znepokojoval, podněcoval nás již měsíc před svátkem, a teď – mlčí.

A je stále jenom ve svých myšlenkách.

Překvapivě mne neporazila úzkost. Bylo třeba ho přesvědčit, aby šel k lékaři a nechal si udělat všechny testy, nesouhlasit s ním a nepovolit, dokud ho nezkontrolují...

Ale neměl jsem možnost to udělat. Najednou bylo zapomenuto i varování, které jsme dostali dlouho předtím. Můj přítel Josi Gimpel mi řekl, že mluvil s jakousi ženou v Beer Ševě a ona mu řekla, že tady Rabaš brzy nebude. A dodala zvláštní větu: „Proč se, Josi, takhle chováš?! Máš vedle sebe člověka, na kterého se můžeš obrátit a všechno se od něho naučit, a on si také přeje, abys to udělal, ale ty nemůžeš."

Josi jí tehdy odpověděl: „Ano, nemohu. Nevím, jak to udělat. Nevím, jak k němu přistoupit, jak se zeptat, opravdu chci, ale nevím jak na to."

A ona řekla: „No dobře, nech to být. Ale pamatuj si, že máš čas pouze do roku 1991..."

Bylo to asi čtyři roky před smrtí Rabaše. Ale nějak se na všechno zapomnělo. Napadlo nás, že přece nebudeme doopravdy věřit všem takovým proroctvím?! A všechno se vymazalo z paměti.

---

[68] *Lulav* (לולב, palmová ratolest), *Etrog* (אתרוג, citrusový plod), *Hadasim* (הדסים, snítky myrty), *Aravot* (ערבות, větévky z vrby) – rostliny, atributy svátku *Sukot*, které symbolizují různé vlastnosti člověka.

[69] *Roš ha-Šana* (ראש השנה, Hlava roku) je židovský Nový rok, svátek, který ztělesňuje začátek duchovního probuzení člověka.

Ale stalo se to přesně tak.

Dnes již chápu, co to je, když tě úplně zachvátí pocity strachu a úzkosti, které ti úplně vypnou mozek. Jsme v moci Všemohoucího. Řídí naprosto všechno.

A Rabaš to věděl lépe než kdokoliv jiný. Stále vedl vnitřní dialog se Stvořitelem.

/ POSLEDNÍ DNY /

Jednou, během lekce, ke mně přistoupil Miller a zašeptal: „Viděl jsi to?" A ukázal na *Rebeho*.

Rebe seděl u stolu a třásl se.

„Víš, že tohle není poprvé?" řekl.

Říkám: „Neviděl jsem! Jak to?!"

A je to tady!

Vyděsil jsem se, ale okamžitě jsem si pomyslel: něco se s tím musí dělat! Byly to již srdeční záchvaty. Chápu to tak, že to již byl infarkt! Přechodil infarkt, a nikomu nic neřekl. Záměrně neřekl.

Okamžitě jsem zavolal známému lékaři. Přinesl kardiograf. Udělali jsme kardiogram. A doktor mi řekl: „Myslím, že je třeba neodkladně jet do nemocnice. Děje se s ním něco špatného. Pojedu s vámi."

A hned jsme jeli do nemocnice Bejlinson. Věděl jsem, že má Rabaš silné srdce, ale že by se zotavil během několika minut, během hodiny? Nepředpokládal jsem, že by to bylo možné! Rabašovi znovu, již v nemocnici, natočili kardiogram... – všechno je v pořádku. Kardiogram ukazuje: naprosto zdravé srdce, rovnoměrný puls, plnění – všechno jako u dítěte.

Chtěli nás poslat domů, ale byl jsem neústupný, a tak nás nejprve převezli na oddělení pro kardiaky. A potom na všeobecné oddělení. Mysleli, že jde o obyčejný případ, nic naléhavého.

Lékaři se k tomu stavěli všedně: pro ně to nebyl veliký kabalista, poslední kabalista ve své generaci. Pro ně to byl 85letý starý muž, který se narodil v roce 1906 a žil již tak dlouho...

/ BE-TOCH AMI ANOCHI JOŠEVET – „JÁ PŘEBÝVÁM VE SVÉM NÁRODĚ"[70] /

Nehnul jsem se od něho dva dny. Umyl jsem ho, převlékl mu pyžamo, zabalil ho do deky, celou dobu jsem seděl poblíž.

Ve společném pokoji bylo 6–8 lidí, stejní stařečci jako on. Jeden z nich neustále sténal a já jsem se rozhodl prosadit, aby Rabaše vrátili zpět do samostatného pokoje.

Ale *Rebe* mi řekl: „Není třeba, Michaeli, *be-Toch Ami Anochi Joševet*... Ty klidně jdi, budu teď spát, cítím, že usnu, jdi. Přijeď ke mně zítra časně ráno, chtěl bych být včas oblečen do *Tfilin*[71]."

A potom mě vzal za ruku a řekl: „A tady je pro tebe zápisník *Šamati*," a podává mi svůj modrý zápisník, se kterým se nikdy nerozloučil. Prostě mi ho vložil do ruky: „Vezmi si jej a uč se z něho... A teď jdi."

A tak jsem odešel. Než jsem vyšel z pokoje, ohlédl jsem se. Pozvedl ruku na pozdrav.

Tak jsem vyšel ven.

Ještě jsem si pomyslel: „Proč mi dal svůj zápisník?! Proč právě teď? Co tím chce říci?!"

Přemýšlel jsem o tom, ale tehdy jsem nepochopil, že se mnou takto loučí. Dal mi nejdražší věc, to, co s ním prošlo celým životem – zápisky svého otce, se kterými se nikdy nerozloučil.

Nyní, když na to vzpomínám, se mi zdá udivující a zvláštní, proč jsem tam nezůstal, proč jsem s ním souhlasil, jak mne dokázal „ukolébat". Ale znovu a znovu chápu, že jsem nemohl nic udělat, že je všechno v rukou Nejvyššího a vše – úplně všechno – je realizováno pouze Jím, a my před Ním nejsme nic, vůbec nic!

---

[70] „Já přebývám ve svém národě" (בתוך עמי אנכי ישבת) – v těch, kteří se sjednocují do jednoho celku, aby v této jednotě odhalili Stvořitele – světlo, lásku, odevzdání. Citát z Druhé knihy královské (4, 13).

[71] *Tfilin* (תפלין, od slova *Tfila*, dosl. modlitba) jsou modlitební řemínky, které tvoří dvě malé černé krabičky (*Batim*, dosl. domečky) s drobnými pergamenovými svitky s pasážemi z Tóry.

/ TAK ODEŠEL /

Druhý den jsem se z nějakého důvodu zdržel na lekci. Pak jsem jel domů a vzal jsem ovesnou kaši, kterou pro něho uvařila Olga, prosil si ji s mlékem, bez cukru... Než jsem k němu přijel, než jsem se k němu dostal, bylo již půl sedmé. Pamatuji si to naprosto přesně, ještě jsem se podíval na hodinky, jako teď vidím jejich ručičky, jako kdyby se zastavily.

Ležel otočený k oknu, stočený jako dítě. Okamžitě jsem všechno pochopil, přiběhl jsem k němu a zaslechl jeho dech... Dusil se. A nikdo si toho nevšiml! Nikdo nezazvonil na poplach, nepřivolal lékaře!... Kolem leželi sami staříci, neslyšeli, že se *Rebe* dusí. Ležel tiše, nesténal. Zavolal jsem na něho: „*Rebe*! *Rebe*!..."

Neodpověděl. Běžel jsem pro lékaře.

Doktor se na něho podíval a okamžitě všechno pochopil. Přinesli defibrilátor. Snažili se nastartovat srdce. Lékaři se ho snažili přivést k životu asi dvě hodiny. Chtěl jsem zůstat v pokoji, ale vyvedli mě na chodbu.

Stál jsem na chodbě, do pokoje bylo vidět oknem. Viděl jsem, jak pracují. Opravdu se snažili, jak mohli nejlépe. Neopouštěli ho, dávali mu nitrožilní injekce... A já jsem stál a chápal, že před mýma očima umírá nejbližší člověk na světě, nikdo mi není bližší. A nebude.

Ale panice jsem nepodlehl. Stále mě na svůj odchod připravoval...

Tak zemřel, nenabyl vědomí.

Vyšel doktor, celý zpocený, takový urostlý chlap, a řekl mi: „Konec."

Přikývl jsem. Na to, co jsem dělal dál, si vzpomínám jen velmi mlhavě.

Zavolal jsem Olze, pak volali Feige, Millerovi – přijeli rychle. Přijeli také synové Rabaše. Shromáždilo se velmi mnoho našich, celá chodba byla plná jeho žáků a příbuzných. Kouřil jsem jednu cigaretu za druhou.

Rabaše odvezli do márnice. Doktor mi předal jeho hodinky.
Konec.

/ ODEŠEL, A ZŮSTAL /

Co se stalo pak… Pohřeb byl ve stejný den, v pátek.
V religiózních novinách „Amodia" se objevila zpráva:

Dne 15. září 1991, na konci svátku Roš ha-Šana, se Rabaš necítil dobře a byl okamžitě přijat do nemocnice Bejlinson. Přívrženci a obdivovatelé se modlili za jeho uzdravení, ale v pátek v 7 hodin ráno vrátil svou duši Stvořiteli. U jeho lůžka byli jeho synové Rav Šmuel a Rav Jechezkel a jeho důvěrník Michael Laitman.

Rabaš byl pohřben vedle Ba'ala HaSulama.[72]
Shromáždili se ti, kterým jsme to stačili sdělit.
Stál jsem stranou. Ke hrobu jsem nešel. Tam veleli příbuzní.
Potom byla *Šiv'a*. Lidé přicházeli, odcházeli, bylo tam prolito mnoho slz, vyřčeno mnoho slov. Tehdy se mi zvýšil tlak, motal jsem se a točila se mi hlava. Do té doby jsem to nikdy nezažil. Naměřili mi 180/110. Vnitřní napětí bylo obrovské, co k tomu říci.

Velmi jasně si vzpomínám, že přes to všechno, navzdory tomu všemu jsem neměl strach, nepropadal jsem panice. To znamená, že pracovaly obě části mozku. V jedné byl samozřejmě pocit, že fyzicky odešel. V druhé bylo plné pochopení, že začíná nové období.

A to nehledě na to, že jsem byl dvanáct let plně vázán na Rabaše. Byl jsem s ním od rána do večera, ne-li fyzicky, pak v myšlenkách.

„Je potřeba Rabašovi koupit sýr, došel mu sýr; je třeba ho vzít k lékaři, začal hůře spát; Olga pro něho uvařila jídlo, je potřeba mu ho před obědem určitě přinést... A o tomto je třeba s ním pohovořit, nesmíš na to zapomenout..."

Stal se mým druhým já.

Bez Rabaše jsem si svůj život nedokázal představit.

---

[72] Když *Rebe* zemřel, také nevěděli, kde ho pohřbít. Na rozdíl od mnoha jiných lidí si nekoupil místo na hřbitově. V té době se místa v blízkosti Ba'ala HaSulama prodávala za 5 000 $ a více. Byli lidé, kteří si je už dávno koupili pro sebe. Ale *Rebe* o tom vůbec nepřemýšlel. Protože to nesouviselo s Cílem. A to znamenalo, že to pro něho neexistovalo. (Z blogu Michaela Laitmana.)

/ A NAJEDNOU NENÍ!... /

V první době jsem zpocený vyskakoval z postele, díval se na hodinky s myšlenkou – zaspal jsem!... Je již půl desáté, a já jsem u něho měl být v devět!... A najednou jsem si uvědomil, že jsem se nikam nezpozdil, že není kam jet.

Lehneš si, zavřeš oči a on před tebou stojí jako živý...

Ano, první doba nebyla jednoduchá... A jak těžké bylo jet bez něho autem, vždyť jsme toho spolu najezdili tolik... A neslyšet: „Michaeli, říkal jsem ti, aby ses tak nehnal!" Neměl rád, když jsem jel více než devadesátkou: „Michaeli, je třeba otřít sklo." Měl rád, když byla okna auta vždy dokonale čistá. „Michaeli, pojeďme dnes do Meronu..." A my jsme jeli do Meronu, ke hrobu Rašbiho... A teď, s kým pojedeš?!

Ale časem se to nějak přece jen usadilo. Zejména proto, že pracovala druhá část mozku – hlavní část. Kde jsem ho absolutně cítil. To znamená, že mne opustil Učitel, otec, přítel... Ale také neopustil!

Čím více času uplynulo, tím jsem ho pociťoval blíž a blíže. Vždyť Rabaš odevzdával sebe celého. Ani minutu nedělal něco pro sebe. Vše bylo postaveno pouze v jednom směru: od sebe k druhým.

A on mě v tomto směru nakazil.

Cítil jsem, že mě tlačí dopředu a že nemám jiné východisko než pouze jít stejně jako on, bez ohlížení se, nehledě nanic jít jako on a udělat vše, abych světu předal to, co chtěl předat on. To, co do mne vložil. Tuto zodpovědnost jsem cítil v sobě, cítil jsem ji tehdy, cítím ji i dnes.

Co se se mnou dělo dále – to všechno je on, Rabaš.

Další knihy v češtině

Kabala. Základní principy
Michael Laitman

Kniha jednoho z nejvýznamnějších učitelů kabaly z kabalistického hlediska napoví začátečníkům odpovědi na základní otázky, které trápí každého přemýšlivého člověka odnepaměti: Kdo jsem? Proč existuji? Odkud jsem přišel? Co je zde mým úkolem? Byl jsem zde již dříve? Proč existuje utrpení? Opakovaným čtením této knihy si člověk rozvíjí vnitřní vnímavost, smysly a jiný, hlubší přístup k životu. Tyto nově získané schopnosti vás naučí vnímat dimenzi, která je skryta našim běžným smyslům. Čtenář se naučí nově získaným vnitřním zrakem odhalovat duchovní strukturu, jež nás obklopuje, téměř jako by se zvedala mlha.

Kniha *Zohar*
Michael Laitman

Kniha *Zohar* je považována za stěžejní kabalistickou práci. Kniha je napsána ve formě alegorických příběhů, jejichž prostřednictvím je však sdělován mnohem hlubší význam. Svým zvláštním jazykem *Zohar* popisuje uspořádání světa, koloběh duší, tajemství písmen a budoucnost lidstva. Kniha je unikátní svou silou duchovního působení na člověka a tím, že může mít kladný vliv na čtenářův osud. Michael Laitman ve svém komentáři, který integruje a dále rozvíjejí komentář velkého kabalisty 20. století Jehudy Ašlaga (Ba'ala HaSulama), srozumitelně vysvětluje jazyk kabaly, a tak každému čtenáři otevírá přístup k této knize, jež je právem považována za bránu do duchovního světa.

Od chaosu k harmonii
Michael Laitman

Kniha kombinuje základy starobylé moudrosti kabaly s nejnovějšími poznatky vědy, takže představuje jakýsi kompletní vzorec života. Kabala je moudrost, jež podporuje jednotu a celistvost a umožňuje správným způsobem využít rostoucí egoismus každého člověka. Kabala je dnes uznávána jako funkční, časem ověřená vědecká metoda, jež nás vede ke zlepšení našeho života. Její principy nám nabízejí řešení globální krize a vysvětlují, jak dosáhnout míru a naplnění. Kabala učarovala mnoha významným lidem v dějinách; například takovým osobnostem, jako je Newton, Leibnitz a Goethe.

Kniha je založena na esejích a seminářích vedených Michaelem Laitmanem. Zaměřuje se na osobní úroveň lidského vývoje – vysvětluje kořeny každé krize i peripetie, jež v životě zakoušíme, a popisuje, jak je můžeme vyřešit.

Sobectví, nebo altruismus?
Michael Laitman

Michael Laitman zasvětil svůj život výuce kabaly a srozumitelnému výkladu tohoto duchovního učení co nejširšímu okruhu lidí. Předkládá základní ideje kabaly tak, aby jim porozuměl každý čtenář a aby ukázal, jaké základní pohnutky a touhy hýbou lidskou psychikou a veškerým stvořením. Poutavě, a přitom v pouhých několika bodech popisuje, jak vznikl vesmír i naše Země se svými rozmanitými formami života. Vše směřuje k přesvědčivým důkazům, že vyšším projevem lidské bytosti je touha dávat a že nesobecká, laskavá koexistence je přirozeným cílem, k němuž má lidstvo směřovat. V tom také Michael Laitman vidí řešení současných problémů a nabízí praktická východiska, jak věci pozvolna zlepšovat.

Odhalená kabala
Michael Laitman

Kabala se zabývá zkoumáním světa a přírody. První průkopníci, kteří se pokoušeli analyzovat přírodu a její zákony, chtěli vědět, zda má naše existence nějaký smysl, a pokud ano, jaká je v tomto mistrovském plánu role lidstva. Ti, kdo dosáhli nejvyšší úrovně poznání, byli nazváni kabalisté. Prvním z nich byl Abrahám, jenž založil dynastii učitelů kabaly.

Kniha předního kabalisty Michaela Laitmana toto duchovní učení srozumitelně vysvětluje tak, aby běžnému modernímu člověku přineslo praktickou moudrost, jež nás může přivést ke klidnému prožívání světa a k životní harmonii.

Kabala pro začátečníky. První díl

Nabízíme vám nový učební materiál, který vznikal pod vedením vědce, kabalisty a doktora (Ph. D.), vedoucího Mezinárodní akademie kabaly Michaela Laitmana, pokračovatele klasické kabalistické školy, která je starší více než jedno tisíciletí. Michael Laitman zároveň vede moderní výzkum v oblasti tohoto učení, který obdržel mezinárodní uznání, je členem Mezinárodní rady mudrců (*World Wisdom Council*) a mnoha dalších mezinárodních organizací.

Při vytváření této učebnice byl poprvé učiněn pokus systematicky vyložit základní oblasti klasické kabaly pomocí současného vědeckého jazyka. Učebnice je sestavena na základě materiálů, knih a lekcí Michaela Laitmana, jakožto předmětu daného učení v Mezinárodní akademii kabaly. Učebnice obsahuje náčrtky, základní informace, odkazy na audio a videomateriály z lekcí i publikované klasické kabalistické zdroje.

Využívání studijních materiálů se doporučuje pro samostatné studium i jako učební materiál pro posluchače Mezinárodní akademie kabaly, otevírá možnost hlubšího studia originálních děl velkých kabalistů – Knihy *Zohar*, Učení deseti *Sfirot* (*Talmud Eser Sfirot*) a dalších.

Proč máme studovat tuto vědu?

Člověk cítí v průběhu celého života neustálou potřebu změn. Je však v jeho moci změny uskutečnit? Nebo se mohou realizovat pouze pod vlivem zvláštní vnější síly, která se nachází výše, než je náš svět?

Veškerá historie lidstva je nepřetržité hledání způsobu, jak změnit okolní přírodu, sebe a společnost s cílem dosáhnout lepšího stavu. Občas není toto hledání zbytečné a bez ušlechtilého cíle. Pokud však můžeme sledovat, doposud se nikomu nepodařilo v této oblasti uspět a učinit jakýkoli významný pokrok v realizaci svých úmyslů.

Příčina spočívá v tom, že náš svět je ovládán ohromným systémem sil, který nazýváme „Vyšší svět". Bez důkladného prostudování zákonů, na jejichž základě působí, do něho není možné zasahovat. Kabala nám poskytuje představu o uspořádání tohoto systému, o tom, jak ovlivňuje náš svět a jakým způsobem se můžeme do tohoto procesu správně zapojit a spatřit, jak s její pomocí změnit osud – svůj vlastní i celého lidstva.

Dosahování Vyšších světů
Michael Laitman

Od narození jsme zbaveni možnosti vnímat Vyšší světy, duchovní podstatu, Stvořitele. Chybí nám odpovídající smyslové orgány. Jak člověk může pocítit nepostřehnutelné? Jak v sobě můžeme pomocí kabaly rozvíjet schopnost vnímat duchovní?

Kdo jsem a proč existuji? Odkud jsem přišel, kam jdu, proč jsem se objevil na tomto světě? Je možné, že jsem tady již byl? Přijdu na tento svět znovu? Mohu poznat příčiny toho, co se mi děje? Proč do tohoto světa přichází utrpení a je možné se mu vyhnout? Jak najít klid, spokojenost, štěstí?

Kabala na tyto otázky odpovídá jednoznačně: pouze tehdy, když porozumíme duchovnímu světu, celému vesmíru, můžeme jasně vidět příčiny toho, co se s námi děje, důsledky všech svých činů, aktivně řídit svůj osud. Metodika odhalení duchovního světa se nazývá „kabala" a v této knize nám ji zevrubně popisuje Michael Laitman.

Kabala umožňuje každému člověku, aby ještě během života na tomto světě pocítil a pochopil duchovní svět, který nás řídí, a žil současně v obou světech. Tím člověk získá absolutní poznání, jistotu, štěstí.

Metodika integrální výchovy
(Besedy Michaela Laitmana s Anatolijem Uljanovem)

Svět se ocitl před těžkým rozhodnutím: buď absolutní zkáza, nebo všenárodní rozsáhlá budovatelská práce na nové úrovni. Budovatelská práce znamená, že přes všechny naše vzájemné rozepře a protiklady musíme vytvořit komfortní podmínky pro život každého z nás i našich rodin a na základě toho vybudovat stejné podmínky pro život celého lidstva.

Je to naprosto reálné, nejsou proto zapotřebí žádné revoluce ani nekonečná jednání – je to zkrátka běžná výchovná práce...

Principy práce ve skupině
Baruch Ašlag (Rabaš) – Michael Laitman

Kabalisté přikládají skupině velký význam a celá otázka dosažení duchovního poznání je spojena právě s touto koncepcí. Protože skupina je prostředek, nástroj pro odhalení Světla, jeho studnice, zdroj Světla v našem světě. A Světlo je to jediné, jež činí všechno a probouzí všechny touhy.

V první části knihy jsou uvedeny vybrané články Barucha Ašlaga (Rabaše), věnované principům práce ve skupině.

Ve druhé části knihy Michael Laitman komentuje Rabašovy články a odpovídá na otázky studentů.

Slyšel jsem (*Šamati*)
Jehuda Ašlag (Ba'al HaSulam)

Je to zápisník Barucha Ašlaga (Rabaše), staršího syna velkého kabalisty – Jehudy Ašlaga (Ba'ala HaSulama), který napsal již v době, kdy se učil cestám duchovní práce a metodice přiblížení ke Stvořiteli, odhalení Vyšší síly – což je ve skutečnosti podstatou kabaly. Sepsal je podle slov svého otce a Učitele, Ba'ala HaSulama. Nikdy se s tímto zápisníkem nerozloučil a neustále jej četl.

Kniha je určena pro duchovní vzestup člověka a odhaluje duchovní pojmy vně veškerého spojení s předměty a jevy materiálního světa. Dozvídáme se, že například Tóra popisuje Vyšší svět, který člověk přitahuje, když studuje kabalistické texty a přeje si změnit sebe sama, aby se pozvedl na jejich úroveň. Pojmem „Přikázání" se nemíní plnění mechanických skutků, ale jsou to duchovní činy, které plníme prostřednictvím clony (antiegoistické síly). „Izrael" i „národy světa" jsou vlastnosti – přání člověka: „Izrael" – směřování k duchovnímu odhalení Stvořitele a „národy světa" – egoistická přání.

Tato neobyčejná kniha k člověku přitahuje Vyšší světlo, jež působí na čtenáře, a on se neustále mění, otevírá své srdce. Toto Světlo září na člověka, vyvolává v něm nové myšlenky a touhy, rozvíjí jeho „šestý smysl", bez něhož není možný vstup do duchovního světa.

V článcích *Šamati* jsou postupně a metodicky vysvětleny všechny stavy, kterými člověk musí projít, aby dosáhl vnímání duchovního světa. Kniha tyto stavy vysvětluje a poskytuje čtenáři drahocenné rady.

Vydáme-li se cestou, kterou nám popsali velcí kabalisté, můžeme během života na tomto světě rozkrýt Vyšší sílu, jež naplňuje vše. Pak odhalíme pravdivý obraz okolní reality, nekonečný a věčný tok života, a plně porozumíme tomu, co se děje a proč a na jakém základě funguje celá příroda. Ale především tím naplníme vyšší osud člověka – dosažení Myšlenky stvoření – vzestup na nejvyšší úroveň existence.

Při čtení pocítíte, že se dotýkáte věčné pravdy. Postupně se naučíte pronikat stále hlouběji skrze písmena a fráze, dokud se před vámi neotevře Nekonečno…

Sjednocující hry
Konstantin Kalčenko – Dmitrij Samsonnikov – Julia Čemerinskaja

Hra je klíčovým prostředkem rozvoje člověka i přírody. Na základě pocitové i racionální osobní zkušenosti nám umožňuje studovat svět a naše vzájemné vztahy. Procesy, které vznikají během hry, nás nutí jednat způsobem, který se nám zdá neobvyklý. Tím v nás podněcuje nové schopnosti. Kromě toho pro nás hravá forma vytváří spolehlivé teritorium pro zkoušení a prověřování nového. Koneckonců je to jen hra a ve hře je povoleno téměř vše. Pomáhá tak utvářet náš následující stav, na který si hrajeme.

Naše vzdělávací metodika klade na sjednocující hry zvláštní důraz, protože člověk může být šťastný pouze tam, kde se vytvářejí správné vztahy mezi lidmi. Sjednocující hry podporují vztahy založené na uvědomění si vzájemné závislosti a na rozvoji spolupráce mezi účastníky, protože jsou navrženy tak, že je v nich možné uspět pouze za podmínky, že každý vnáší svůj vklad do společného díla. Hry slouží jako vynikající nástroj, který umožňuje seznámit účastníky s modelem budoucího sjednoceného stavu, o který všichni usilujeme. Když se do nich účastníci zapojí, bez obtíží reagují, energicky a radostně plní jakýkoliv úkol, mění se atmosféra: od vážné nálady k uvolněné, od rozptýlenosti ke stmelení, od únavy k čilosti, od chladu k srdečnosti a nadšení. Hlavní poselství her spočívá v tom, že pokud se sjednotíme, pokud vzájemně spolupracujeme a vážíme si jeden druhého, vzájemně si nasloucháme, prožíváme radost a dosahujeme úspěchu, což se pak projeví i v dalších oblastech našeho života.

Připravujeme

Tajemství Věčné knihy
Michael Laitman

– Bereme do rukou Tóru a co v ní nacházíme? Sbírku historických příběhů. Okamžitě vyvstává otázka, jak se mohlo stát, že tato kniha příběhů přežila a zdá se, že přežije vše, co bylo kdy napsáno a publikováno. Stala se základem mnoha filozofických učení. Je nevyčerpatelným zdrojem inspirace pro umělce, hudebníky, básníky. Jak je to možné? Jak kniha příběhů mohla překonat čas a stát se prakticky věčnou?

– Tóra není kniha příběhů. Ale myslím, že to lidé příliš nechápou. Napsal ji Mojžíš. Popsal, jak se mu odhalil Stvořitel. Toto je, samozřejmě, jedinečná událost v historii lidstva. Třebaže i před Mojžíšem byli lidé, kteří odhalili Stvořitele a svoje odhalení popsali. Prvním člověkem, který odhalil Stvořitele – skrytou Vyšší sílu, byl Adam.

– V této knize – v Tóře – se hovoří o odhalení tajné Vyšší síly?

– Ano. Vypovídá pouze o tom. Všechno, co napsali kabalisté, kteří odhalili Stvořitele, všechny tyto knihy, se nazývají svaté, protože vyprávějí o tom, co je ukryto v nás. Svatost (*hebr. Kadoš*) je ze slova oddělený, osamocený, jako by se nacházela v části vesmíru, která je před námi skryta. Mnozí kabalisté, kteří tuto skrytou část odhalili, ji popsali ve svých knihách. To, co popsali, se nachází vně vnímání našich smyslů.

– Proč je Tóra zaznamenána Mojžíšem ve formě příběhů? Proč bylo zapotřebí mást lidi? Člověk ji začíná číst a vnímá ji jako historické příběhy.

– Tóra je postupné kauzální odhalování duchovního světa člověkem. Je to také příběh. Nejedná se však o příběh národa, který bloudí pouští, jak je v ní popisováno. Je to alegorický příběh o odhalení Vyšší síly člověkem, o cestě, kterou v naší době může projít každý. Pokud člověk opravdu zatouží odkrýt to, co se nachází za hranicemi našeho světa, pak projde stejnými stavy, jaké popsal Mojžíš.

Kabala pro začátečníky. Druhý díl

V druhém dílu učebnice kabaly máte možnost si rozšířit základní znalosti o systému vyššího řízení našeho světa a dozvědět se, jak se člověk k němu může organicky připojit jako aktivní integrální prvek, který bude schopen změnit nejen svoji existenci, ale i budoucnost celého lidstva.

Učebnice kabaly byla zpracována pod vedením vědce-kabalisty Dr. Michaela Laitmana, ředitele Mezinárodní akademie kabaly. Autoři do ní zařadili následující vědecko-informativní materiál: historie rozvoje kabaly, kabala a náboženství, srovnávací analýza kabaly a filozofie, kabala jako integrální věda a kabalistická antropologie.

Smyslem této učební pomůcky je umožnit nalézt odpovědi na všechny otázky, které studujícího v souvislosti s uvedenými tématy zajímají a které osvětluje kabala, i rozšířit obzory čtenáře v oblasti interakce mezi kabalou a jinými vědami, jež se týkají společenských a přírodních aspektů různých systémů znalostí.

Učení deseti *Sfirot* (*Talmud Eser Sfirot*)
Jehuda Ašlag (Ba'al HaSulam) – Michael Laitman

Učení deseti *Sfirot* je stěžejní dílo, které spojuje hluboké poznání dvou velikých kabalistů – Ariho (16. století) a Ba'ala HaSulama (20. století). Je to základní učebnice vědy kabaly, která studentům odhaluje úplný obraz vesmíru. Materiál dané knihy je založen na kurzu, vedeném vědcem a kabalistou Michaelem Laitmanem, Ph. D., vedoucím Mezinárodní akademie kabaly, podle uvedeného kabalistického zdroje. Setkáte se zde s úplným překladem originálního textu prvních čtyř částí Učení deseti *Sfirot* včetně přesných definic kabalistických termínů vysvětlených Ba'alem HaSulamem a jeho všestranných analýz zkoumaného materiálu v částech „Vnitřní vhled" (*Histaklut Pnimit*) ve formě, která je srozumitelná pro současného studenta. Kniha popisuje zrození duše, její strukturu a cesty dosažení věčnosti a dokonalosti. Text doplňují náčrty a odpovědi na otázky.

Úvod do vědy kabaly (*Pticha*)
Jehuda Ašlag (Ba'al HaSulam) – Michael Laitman

Cílem stvoření je touha Stvořitele poskytnout svou štědrou rukou potěšení stvořením. Za tímto účelem stvořil v duších velkou touhu přijmout toto potěšení, jež spočívá v hojnosti (*Šefa* – to, čím si nás Stvořitel přeje těšit). Touha přijímat je nádobou pro přijetí potěšení, které je obsaženo v hojnosti (*Šefa*).

„Úvod do vědy kabaly" (v hebrejštině známý pod názvem *Pticha*) je stěžejní práce, s jejíž pomocí člověk vstupuje do Vyššího světa. Největší kabalista minulého století, Jehuda Leib HaLevi Ašlag (zvaný Ba'al HaSulam), napsal tento článek jako jeden z úvodů ke Knize *Zohar*. Bez zvládnutí materiálu, který je vysvětlen v tomto článku, není možné správně porozumět jedinému slovu v Knize *Zohar*.

V připravované publikaci Michael Laitman komentuje *Pticha* a uvádí čtenáře do speciálního jazyka a terminologie kabaly. Odhaluje autentickou kabalu způsobem, který je současně racionální a vyzrálý. Čtenář tak má možnost uchopit logickou strukturu celého univerza a svého života v něm. Tato práce nemá sobě rovné z hlediska jasnosti, hloubky a přitažlivosti pro intelektově zaměřené čtenáře, kteří chtějí proniknout k jádru základních otázek o smyslu života.

Bez této knihy není možné v kabale pokročit. Je to klíč k veškeré kabalistické literatuře: k Učení deseti *Sfirot* (*Talmud Eser Sfirot*) – základní současné kabalistické učebnici, ke Knize *Zohar* i ke knihám Ariho. Je to klíč ke dveřím, které vedou z našeho do duchovního světa.

O organizaci *Bnei Baruch*

Bnei Baruch je nezisková organizace, která šíří moudrost kabaly, aby se urychlil duchovní růst lidstva. Kabalista Michael Laitman, Ph. D., žák a osobní asistent rabiho Barucha Šaloma HaLeviho Ašlaga (Rabaše), syna rabiho Jehudy Leiba HaLeviho Ašlaga (Ba'ala HaSulama, dosl. Pána žebříku, protože napsal tzv. „Žebřík", hebr. *Sulam*, jak se nazývá jeho „Komentář ke Knize *Zohar*"), kráčí ve šlépějích svého Učitele a vede skupinu k cíli mise. Jméno organizace – na počest Rabaše – v překladu znamená „Synové Barucha".

Laitmanova vědecká metoda poskytuje jedincům všech věr, náboženství a kultur přesné nástroje nutné k nastoupení fascinující cesty sebeobjevování a duchovního vzestupu. Organizace *Bnei Baruch* se soustřeďuje především na vnitřní procesy, jimiž každý prochází vlastním tempem, a vítá lidi každého věku a všech životních stylů, kteří se chtějí podílet na tomto prospěšném procesu.

V posledních letech probíhá masivní celosvětové hledání odpovědí na otázky života. Společnost ztratila schopnost vidět realitu takovou, jaká skutečně je, a na jejím místě se objevily povrchní a často zavádějící koncepty. *Bnei Baruch* oslovuje všechny, kdo usilují o více než o běžné povědomí. Oslovuje lidi, kteří chtějí pochopit skutečný smysl své existence.

Bnei Baruch nabízí praktické vedení a spolehlivou metodu pro pochopení světového fenoménu. Autentická výuková metoda Ba'ala HaSulama nejen pomáhá překonávat zkoušky a strasti každodenního života, ale spouští procesy, díky nimž jednotlivci překonávají aktuální hranice a omezení.

Ba'al HaSulam zanechal pro tuto generaci studijní metodu, která v podstatě trénuje jednotlivce, aby se chovali, jako by již dosáhli dokonalosti Vyššího světa, byť zůstávají zde, na nižší úrovni. Slovy Ba'ala HaSulama: „Tato metoda je praktický způsob k proniknutí do Vyššího světa, zdroje naší existence, zatímco stále žijeme v našem světě."

Kabalista je badatel, který studuje vlastní povahu pomocí této prokázané, časem otestované a přesné metody. Jejím prostřednictvím dosahuje dokonalosti a kontroly nad vlastním životem a plní skutečné životní cíle. Stejně jako člověk nemůže řádně fungovat v našem světě, aniž by o něm něco věděl, nemůže duše fungovat ve Vyšším světě, když o něm nic neví. Moudrost kabaly tyto znalosti poskytuje.

Kontakt

Bezplatné online kurzy kabaly a další možnosti studia, knihy autentické kabaly v češtině a kontakt na *Bnei Baruch*
www.kabacademy.eu/cz/

Blog Michaela Laitmana
https://www.laitman.cz

Michael Laitman na Twitteru
https://twitter.com/laitmanczsk

Největší celosvětový mediální archiv kabaly
https://kabbalahmedia.info

www.ingramcontent.com/pod-product-compliance
Lightning Source LLC
Chambersburg PA
CBHW070044120526
44589CB00035B/2306